Mesurer et développer
les performances

Données de catalogage avant publication (Canada)

Mercier, Jean-Pierre

Mesurer et développer les performances: la clé du succès de l'entreprise moderne

(CollectionAffaires)

ISBN 2-7640-0550-4

1. Efficience dans l'industrie. 2. Satisfaction au travail. 3. Consommateurs – Satisfaction. 4. Qualité des produits. 5. Productivité. I. Titre. II. Collection: Affaires (Outremont, Québec).

HD56.M47 2002 338.06 C2002-940656-0

LES ÉDITIONS QUEBECOR
7, chemin Bates
Montréal (Québec)
H2V 4V7
Téléphone : (514) 270-1746

Bibliothèque nationale du Québec
Bibliothèque nationale du Canada

Éditeur : Jacques Simard
Conception de la couverture: Bernard Langlois
Illustration de la couverture: Jay Belmore/The Image Bank
Infographie : Infographie InfoDi, Québec

Nous reconnaissons l'aide financière du gouvernement du Canada par l'entremise du Programme d'Aide au Développement de l'Industrie de l'Édition pour nos activités d'édition.

Gouvernement du Québec – Programme de crédit d'impôt pour l'édition de livre – Gestion SODEC.

Imprimé au Canada

Mesurer et développer les performances

Jean-Pierre Mercier

LES ÉDITIONS
Quebecor
QUEBECOR MEDIA

Pourquoi

Beaucoup d'entreprises entreprennent de nouvelles initiatives pour développer leurs performances. En voici quelques-unes.

- Amélioration de la qualité
- Orientation client
- ISO 9000
- Révision des processus
- Restructuration
- Etc.

Toutes ces initiatives sont, bien entendu, excellentes mais ne traitent malheureusement que de l'un des facteurs de performance de l'entreprise, en regardant parfois par le petit objectif de la lorgnette.

Nous voulons donc vous proposer ici un modèle qui identifie clairement les quatre secteurs fondamentaux de performance d'une entreprise, et les représenter grâce à un graphique simple et visuel:

- **La satisfaction des employés**
- **La satisfaction des clients**
- **La qualité**
- **La productivité** (satisfaction des actionnaires)

Comme vous le constatez, nous donnons ici une place importante au chapitre humain. Nous vous proposons ensuite un ensemble d'éléments sur lesquels l'entreprise peut jouer pour améliorer ses performances:

- Vision — Valeurs — Mission
- Stratégie

- Ressources humaines
- Structure de l'entreprise
- Processus et systèmes (p. ex.: processus de production, systèmes de contrôle)
- Budget

Vous pouvez trouver les définitions de ces termes et des outils permettant d'améliorer chacun de ces éléments dans le chapitre «Appréciation de la performance » (voir à la page 48).

Enfin, nous allons descendre la performance sur le plan individuel et l'associer à la rémunération.

L'amélioration de la performance est réalisée grâce au coaching, mais elle fait l'objet d'un autre manuel.

Nous vous présentons cependant les outils qui permettent d'améliorer la performance et qui seront transmis aux employés grâce au coaching en suivant le processus suivant:

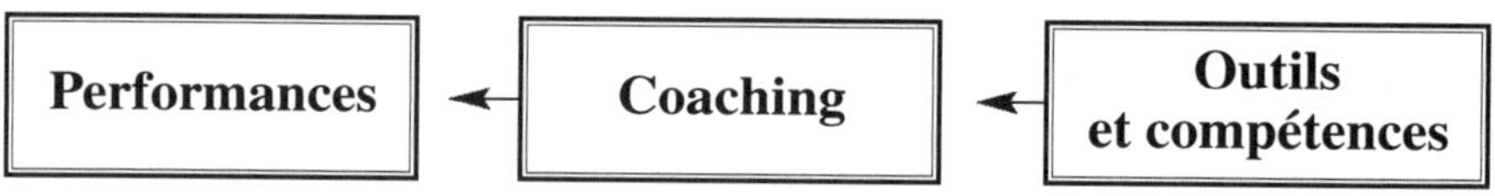

Vous pouvez également consulter une démonstration du système en allant sur le site **www.challenge-action.com**.

Les avantages d'une gestion des performances dans l'entreprise

La gestion des performances dans l'entreprise permet la mise en place d'indicateurs de performance dans les différents départements de l'entreprise. Ces indicateurs permettent de:

- **traduire la mission de l'entreprise** et ses priorités en objectifs mesurables pour tous les membres de l'organisation : *les indicateurs de performance traduisent le véritable objectif de l'entreprise par rapport à l'image qu'elle veut donner d'elle;*
- **piloter l'entreprise et le changement** en ayant en tout temps un portrait de l'entreprise;
- **donner l'heure juste à chaque département et employé de l'entreprise :**
  - leurs priorités et objectifs,
  - leur performance par rapport aux objectifs,
  - leur alignement par rapport à l'entreprise,
  - leur performance par rapport à la concurrence;
- **motiver le personnel** en lui présentant le résultat de ses actions;
- **mettre en place une politique de bonification** liée aux performances des départements et employés en fonction de leur alignement avec les priorités de l'entreprise.

Rappel des notions clés

- **Mesure :** paramètre quantitatif qui va être mesuré.
- **Objectif :** niveau visé sur le paramètre mesuré.
- **Résultat :** niveau atteint sur le paramètre mesuré.

Exemple :

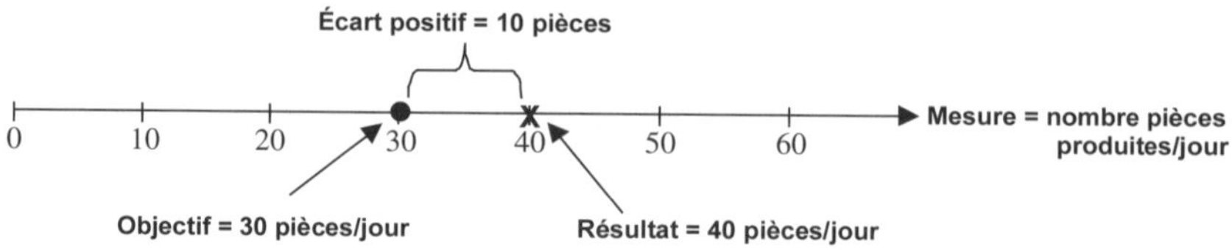

Développer les performances de l'entreprise

Comprendre les mesures de performance de l'entreprise

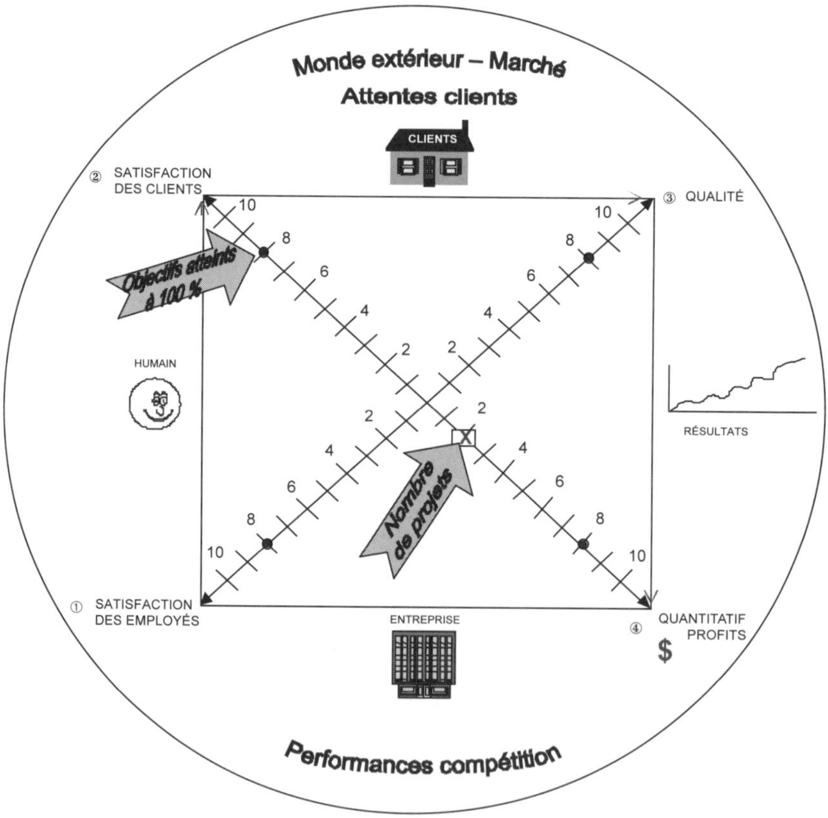

À gauche :
Les facteurs humains
- Satisfaction des clients
- Satisfaction des employés

À droite :
Les résultats
- La qualité
- Le quantitatif, les bénéfices

Notez que les profits, le point ④, est le résultat final résultant de bonnes performances dans les trois autres secteurs, c'est-à-dire la **satisfaction des employés,** la **satisfaction des clients,** la **qualité.**

Note : Le pôle « QUALITÉ » se rapporte ici bien entendu au métier du département concerné, c'est-à-dire que pour le département des ventes, ce pôle peut être représenté par les ventes et le pôle « QUANTITÉ » par les profits réalisés par vente ainsi que par le nombre de visites, si du moins l'entreprise possède ces chiffres. Sinon, la « QUALITÉ » peut représenter la pertinence et la précision des informations données par le vendeur, alors que la « QUANTITÉ » indiquera les ventes réalisées. Une entreprise peut faire de même et décider que la « QUALITÉ » sera en fait remplacée par les ventes. On peut donc avoir deux applications:

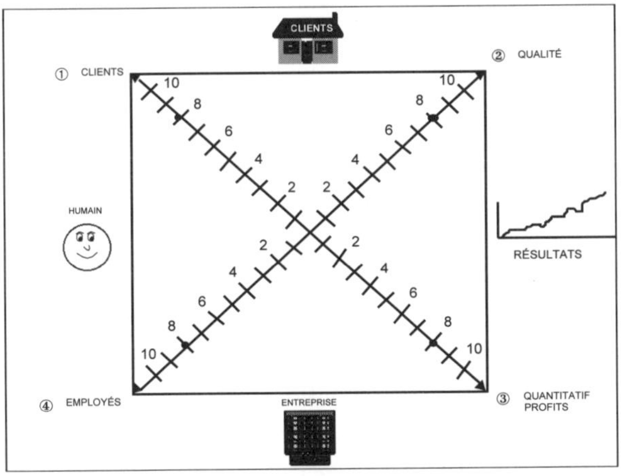

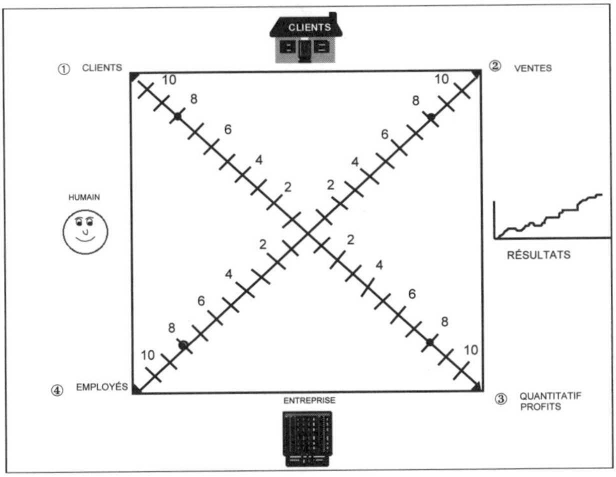

Ce « CARRÉ » des performances vous donne donc quatre dimensions.

Il possède l'avantage de donner une photo de l'entreprise à un moment donné. Il lui manque par contre la notion dynamique. Sur chaque axe, nous allons donc noter, si possible d'une couleur différente, deux points:

- Le point représentant le niveau de performance;
- [X] Le point représentant le nombre de projets par secteur de performance.

Ceci vous donne donc huit dimensions et, surtout, une vision dynamique de l'entreprise. Chaque projet constitue un échelon sur le graphique. Il est aussi possible de représenter les projets en fonction de leur potentiel par rapport aux performances actuelles.

Il est d'ailleurs à noter qu'il n'est pas forcément bon d'avoir trop de projets.

Exemple :

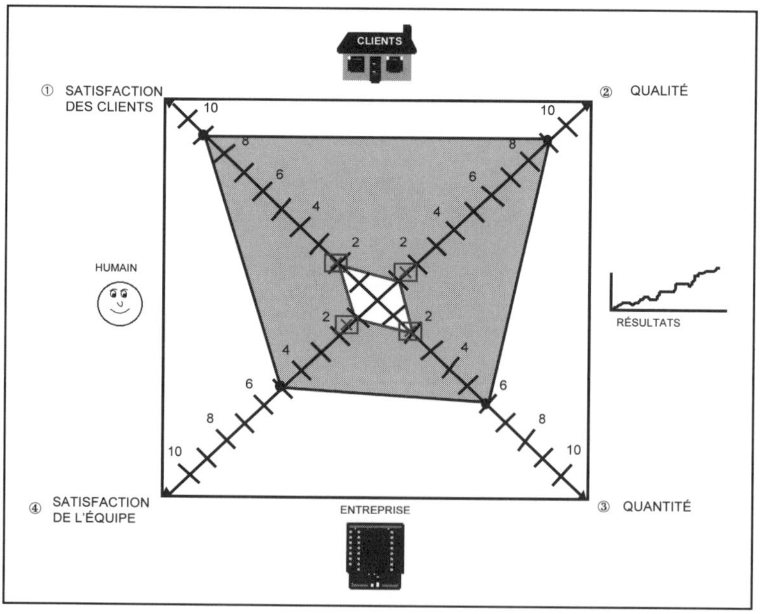

- Le trapèze 1 représente les performances.
- [X] Le trapèze 2 représente le nombre de projets en cours par secteur (ou le potentiel de performance supplémentaire qui sera obtenu à la suite de la réalisation du projet).

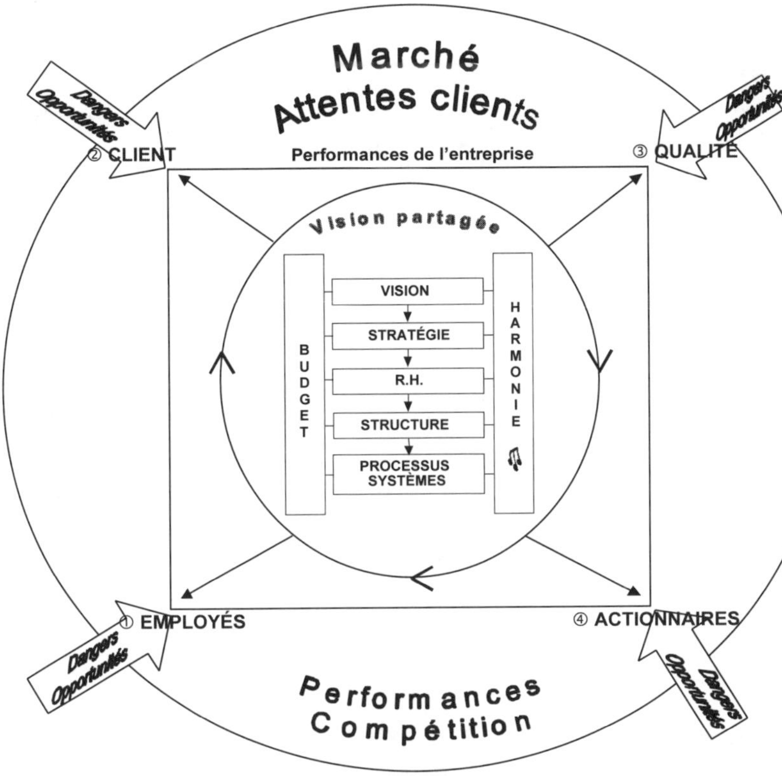

Les performances de l'entreprise face à son marché

Voici quelques exemples de dangers ou d'opportunités du marché pouvant avoir un impact sur les performances de l'entreprise.

CLIENT

Opportunités :

- Développement de la demande pour le type de produit ou service fourni par l'entreprise.

  Exemple : Développement du marché du commerce électronique.

Dangers :

- Baisse de la demande pour le type de produit ou service fourni par l'entreprise.

  Exemple : Arrivée de concurrents étrangers sur le marché.

QUALITÉ

Opportunités :

- Règles gouvernementales ou normes des consommateurs privilégiant notre qualité de produit ou service.

Dangers :

- Règles ou normes mettant nos produits ou services en dehors du marché.

  Exemple : Normes ISO.

ACTIONNAIRES — PROFIT

Opportunités :

- Baisse des taux d'intérêt permettant d'obtenir des capitaux.
- Intérêt des investisseurs pour notre métier et ses possibilités de développement.

  Exemple : Secteur des nouvelles technologies.

Dangers :

- Perte de confiance des investisseurs dans le secteur.
- Augmentation des taux d'intérêt.
- Nouveaux secteurs donnant plus de rémunération aux actionnaires.

EMPLOYÉS

Opportunités :

- Crise de certaines industries permettant d'obtenir de la main-d'œuvre à bon coût.
- Réserve de population diplômée.
- Emplois mobiles.
- Culture de qualité et de travail.

Dangers :

- Mouvements sociaux ou politiques.
- Manque de ressources qualifiées ou diplômées.
- Arrivée d'autres entreprises plus riches embauchant les meilleures ressources et faisant augmenter les salaires.

Exemples :

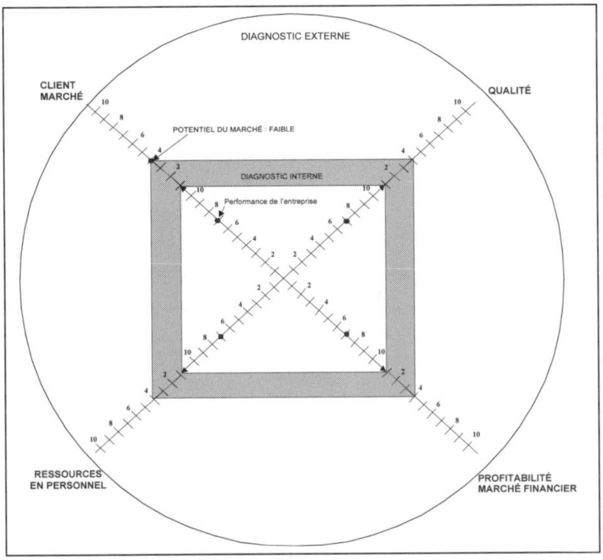

Entreprise ayant de bonnes performances dans un marché avec peu d'opportunités.

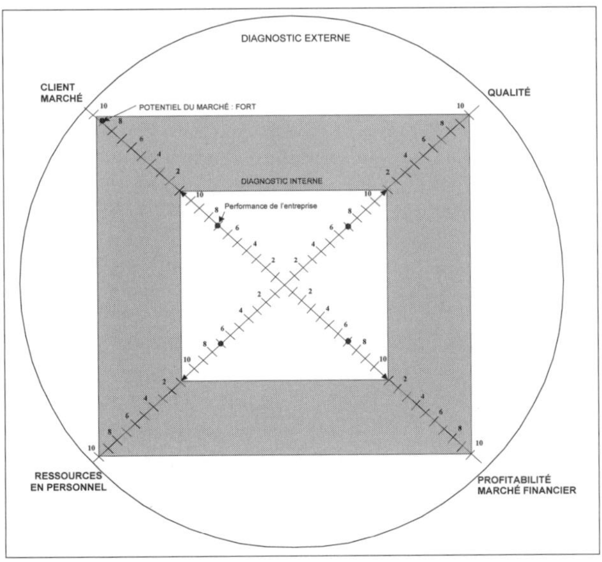

Entreprise ayant des performances moyennes dans un marché avec beaucoup de potentiel.

Les différents types d'entreprises selon leurs performances

Note : Nous n'allons pas représenter ici les projets dans l'entreprise, mais plutôt le résultat « photographique » de ses performances et les implications qui en résultent. Les projets seront décidés en fonction de ce diagnostic.

Profil 1

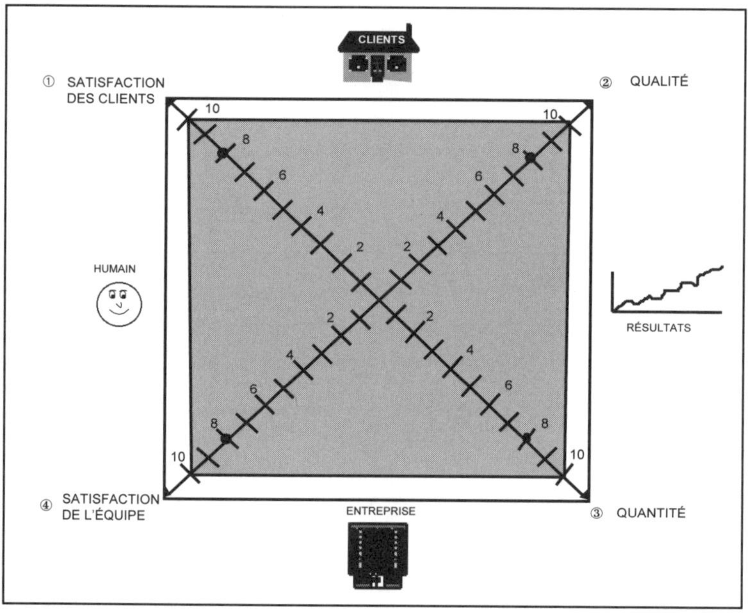

Très bonne entreprise sur tous les plans. Il faut de nouveaux défis et, par conséquent, revoir la mission et la vision.

Exemple :

> Certaines PME qui sont arrivées au maximum de leurs possibilités de performance et qui doivent penser, si elles désirent continuer à progresser, à changer de taille et, donc, de marché.

PROFIL 2

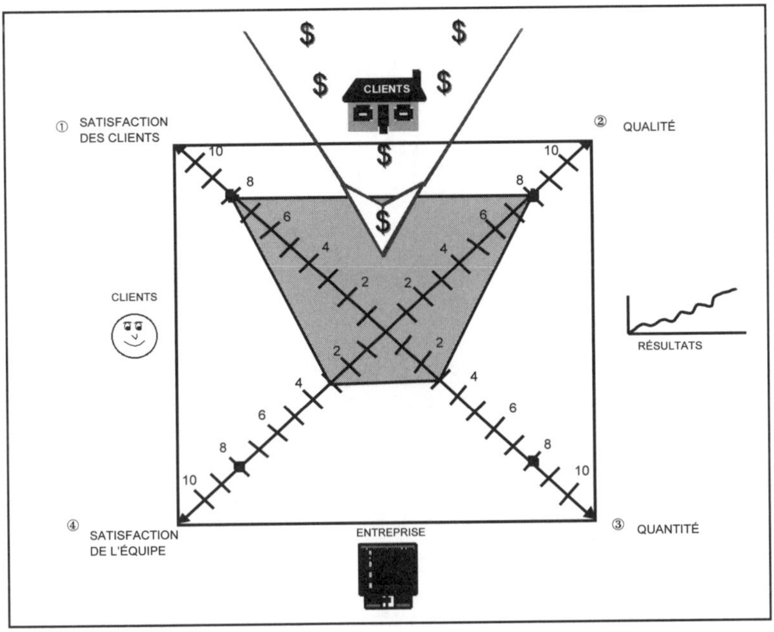

L'entreprise ayant ce profil a décidé de suivre les dernières modes en matière de gestion et s'est engagée à 100% dans l'approche client et la qualité totale (p. ex.: ISO, etc.), mais elle a négligé la satisfaction de son personnel et la rentabilité.

Cette orientation client va lui apporter un bon chiffre d'affaires, mais l'apport financier ainsi créé est entamé par les coûts de production et l'insatisfaction du personnel; l'entreprise est alors déficitaire.

Exemples d'entreprises :

- Certains organismes publics ayant pris, pour le plus grand bénéfice des utilisateurs, une *orientation qualité* et une *approche client* mais qui entretiennent un fort déficit.
- Certaines entreprises de haute technologie, dirigées par des ingénieurs, mais qui perdent de l'argent et assistent au départ de leurs meilleurs employés; les dirigeants disent aussi: *« Nous perdons de l'argent, mais nous investissons dans le futur pour en gagner plus demain. »*

  En gagneront-ils un jour? Ou vont-ils se faire racheter par une entreprise plus performante qui réajustera ensuite le profil de cette entreprise?

Profil 3

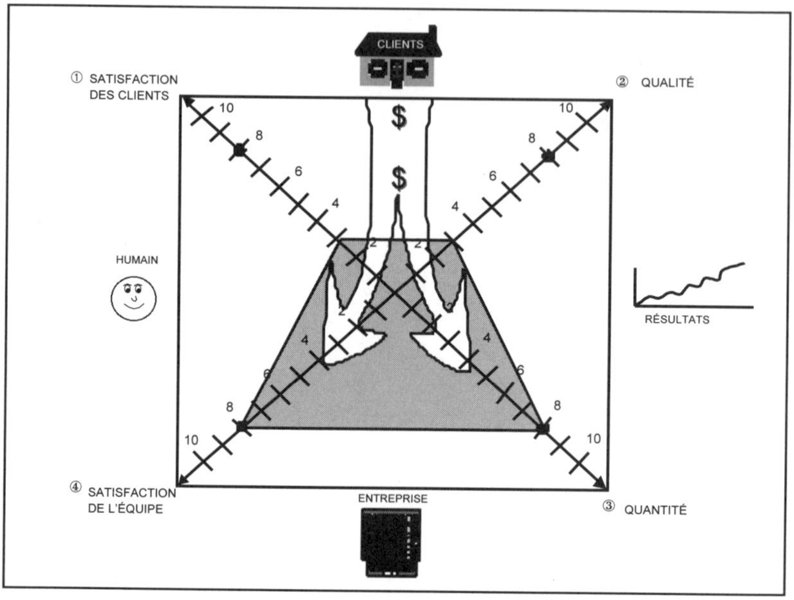

L'entreprise est très rentable et ses employés sont heureux, mais pour combien de temps?

Le faible taux de satisfaction des clients et la faible qualité montrent que l'entreprise tire profit à court terme d'une position dominante sur une niche de marché, mais combien de temps cela durera-t-il ?

L'entreprise est à la merci de l'arrivée d'un concurrent qui va réduire l'apport financier de l'entreprise en lui prenant ses clients pour finir par l'étouffer. Les propriétaires vont alors peut-être amasser les profits accumulés pendant ce temps pour aller recommencer la même chose dans un autre secteur d'activité, mais c'est une politique dangereuse et à court terme.

PROFIL 4

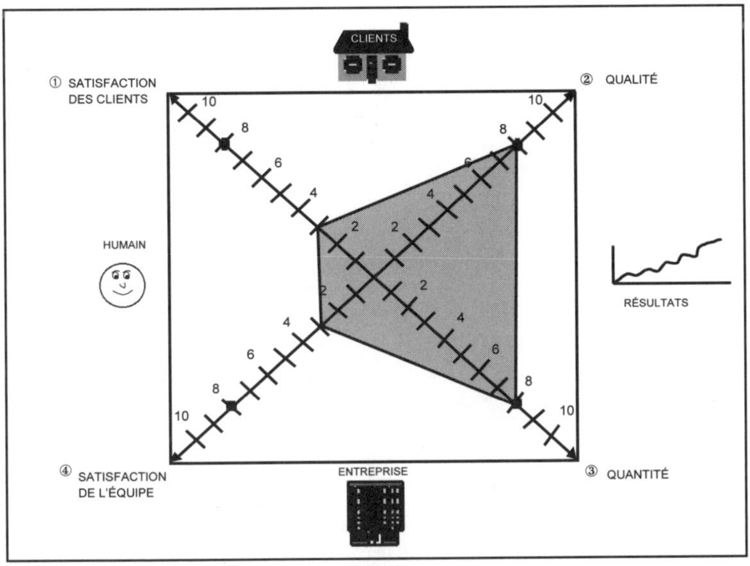

Entreprise très orientée sur les résultats quantitatifs: qualité et profit.

L'entreprise peut très bien vivre et réaliser de bons profits, mais à la condition qu'elle bénéficie d'une situation de monopole le lui permettant (p. ex.: haute technologie).

Les clients n'ont pas d'autre choix que de travailler avec l'entreprise. Les employés, bien qu'ils soient insatisfaits, restent car ils sont très bien payés.

Ce profil d'entreprise doit faire face à deux dangers:

- l'arrivée sur le marché d'un concurrent qui lui prend sa clientèle;
- l'arrivée dans sa région d'un concurrent qui recrute son meilleur personnel.

Sachez que:

- pour des entreprises à technologie égale, c'est l'équipe qui fera la différence;
- pour des bateaux à vitesse égale, c'est l'équipage qui permet de gagner;
- pour des armées à armement égal, c'est le facteur humain qui fait la différence : la qualité des généraux, l'expérience, le courage et la motivation des troupes.

PROFIL 5

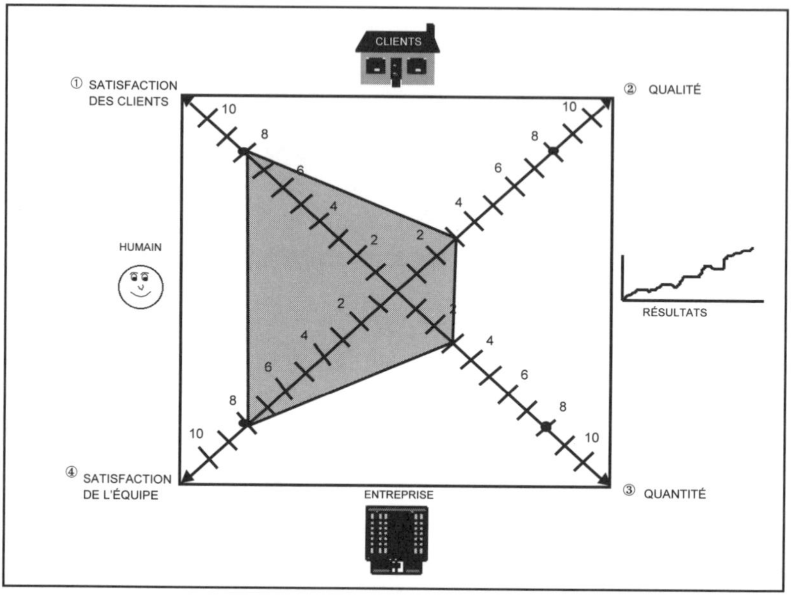

L'entreprise a développé le côté humain de ses performances; ses employés et ses clients sont satisfaits, mais l'entreprise fournit peu de qualité et subit des pertes. Cela ne peut manifestement pas durer longtemps.

Exemples d'entreprises :

- Entreprises ou filiales reprises par des gestionnaires incompétents.
- Organismes publics dont le personnel fait de son mieux pour satisfaire les usagers, mais qui manquent cruellement de moyens techniques pour assurer la qualité et l'efficacité; en outre, ils sont peut-être dirigés par des gestionnaires sympathiques mais incompétents.

PROFIL 6

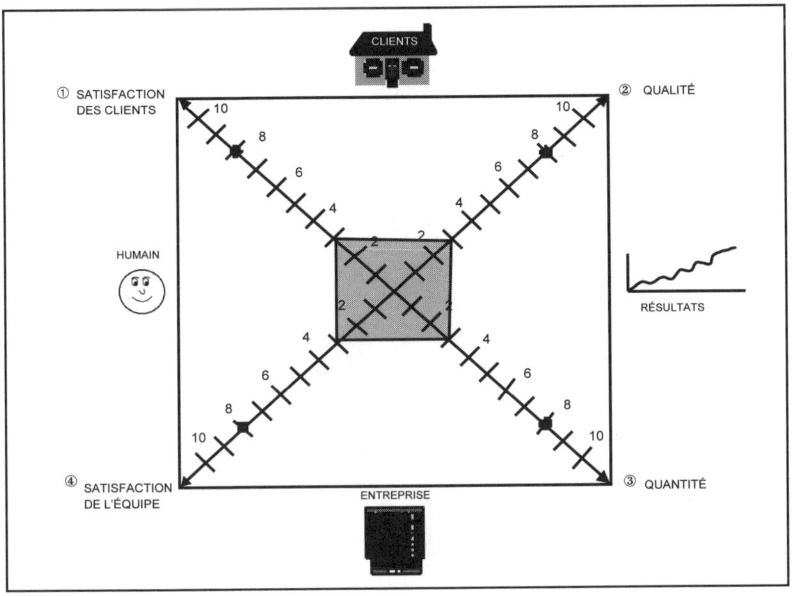

Rien ne marche dans cette entreprise; elle ne peut survivre que parce qu'elle est la filiale ou l'émanation d'une plus grande entreprise qui, elle, accepte cette situation à condition toutefois qu'elle soit de très courte durée!

PROFIL 7

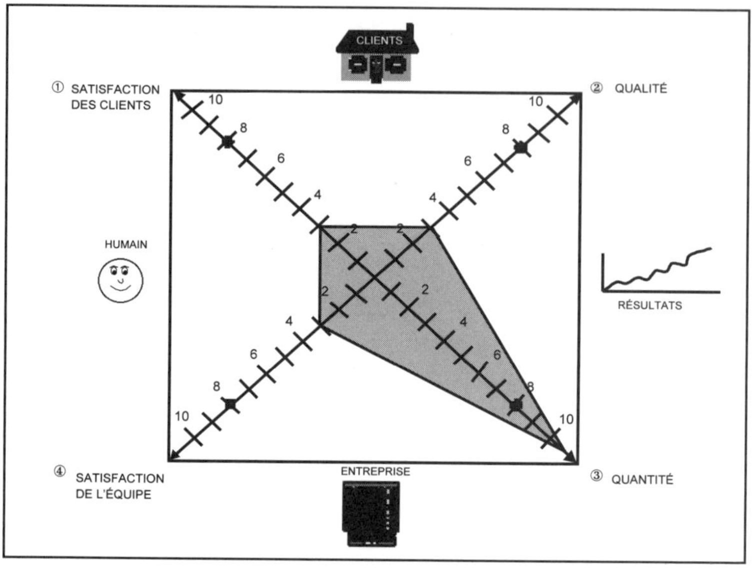

L'entreprise est faible partout, mais fait beaucoup de profits. Certains gestionnaires peuvent se dire: *« Après tout, c'est la seule chose qui m'importe. »*

En fait, la situation ne peut pas durer longtemps; les hypothèses sont les suivantes:

- L'entreprise bénéficie d'un monopole de fait et en profite pour faire de l'argent aux dépens de tous les autres secteurs de performance. La concurrence viendra rapidement combler un tel vide.
- Il ne s'agit pas d'une entreprise mais d'un département de l'entreprise auquel on a coupé dans les dépenses pour les employés, haussé le tarif des produits ou services vendus, coupé les dépenses dans la gestion des processus de qualité.

  Rapidement, les clients vont partir vers la concurrence qui recrutera ses ressources humaines dans cette entreprise pour mieux la faire disparaître.

  La solution est de couper dans les profits pour:

  - investir en priorité sur les ressources humaines pour éviter leur départ;
  - investir dans la qualité.

Ces deux facteurs devraient contribuer à mieux satisfaire la clientèle qu'il faudra alors tenter de garder et même de récupérer.

Nous ne décrirons pas ici les autres profils où l'entreprise n'est forte que sur un seul secteur, à part celui déjà décrit où l'entreprise a une bonne productivité, car nous pensons qu'il s'agit de cas marginaux dans la mesure où une entreprise, forte seulement sur un autre pôle de performance, ne peut pas vivre longtemps dans ces conditions.

Mesurer les performances: comment faire

Vous pouvez mesurer les performances de trois manières:

- verticale
- horizontale
- globale

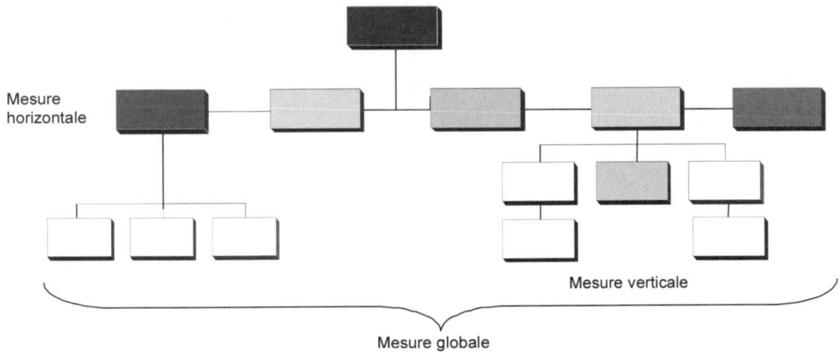

Nous vous recommandons la mesure globale représentée ci-dessous.

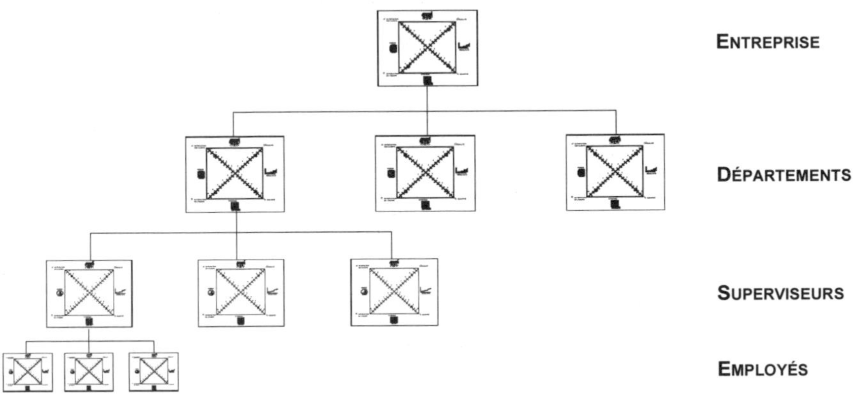

MESURES DE PERFORMANCE DE L'ENTREPRISE ET DU MARCHÉ

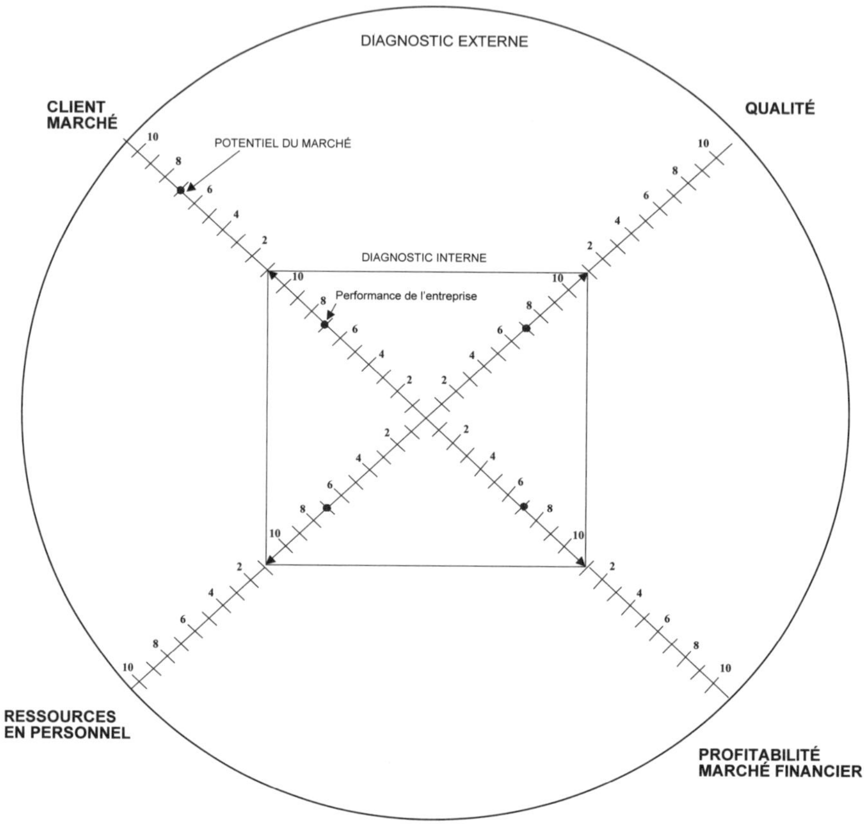

Ce diagnostic nous permet de confronter les performances de l'entreprise par rapport aux opportunités ou risques du marché qui sont également notés de 1 à 10.

Plus la note du marché est élevée, plus cela nous montre qu'il existe des possibilités d'expansion pour l'entreprise.

Mettre en place la gestion de la performance

1) Demandez aux directions de proposer des mesures par secteur de performance aux différents niveaux hiérarchiques de votre département. (Vous pouvez utiliser pour cela la grille à la page suivante.)

   Insistez pour que ces mesures de performance soient:

   - pertinentes;
   - mesurables;
   - simples à mesurer.

   Vous pouvez, pour les aider à choisir les mesures, leur demander de lire les exemples de mesures par secteur d'entreprise énoncés dans les pages suivantes.

2) Validez le tout avec la haute direction afin de vous assurer de:

   - l'homogénéité;
   - la bonne direction des normes choisies.

3) Faites le tableau des mesures de performance de votre entreprise que vous inclurez dans un cartable divisé par département et comprenant:

   - les mesures de performance,
   - les grilles de coaching,

puis faites suivre aux directeurs concernés les mesures retenues.

Analyser les moyens de la performance

Satisfaction client — **Qualité**

Moyens	**Total**	**%**
– Temps		
– Budget		
Projets		
– Temps		
– Budget		

Moyens	**Total**	**%**
– Temps		
– Budget		
Projets		
– Temps		
– Budget		

Moyens	**Total**	**%**
– Temps		
– Budget		
Projets		
– Temps		
– Budget		

Moyens	**Total**	**%**
– Temps		
– Budget		
Projets		
– Temps		
– Budget		

Équipe — **Productivité**

Une fois le portrait des performances de l'entreprise réalisé, il est intéressant de tenter d'analyser la répartition des moyens mis par un employé ou un département à obtenir ces performances, ce qui mettra peut-être en évidence certains déséquilibres entre les moyens affectés à l'obtention de telle ou telle performance.

ATTENTION CEPENDANT, LE TABLEAU N'EST PAS TOUJOURS FAISABLE ÉTANT DONNÉ L'INTERRELATION QUI EXISTE ENTRE CES DIFFÉRENTS FACTEURS POUR CERTAINS POSTES.

RÉPARTITION DES MOYENS

Systèmes de performance	Répartition actuelle		Répartition désirée		Solutions
	Total	%	Total	%	
ÉQUIPE **Gestion de l'équipe** • Temps alloué: • Budget alloué: **Projets pour l'équipe** • Temps alloué: • Budget alloué:					
CLIENT **Gestion de la satisfaction client** • Temps alloué: • Budget alloué: **Projets pour la satisfaction client** • Temps alloué: • Budget alloué:					
QUALITÉ **Gestion de la qualité** • Temps alloué: • Budget alloué: **Projets pour la qualité** • Temps alloué: • Budget alloué:					
PRODUCTIVITÉ **Gestion de la productivité** • Temps alloué: • Budget alloué: **Projets pour la productivité** • Temps alloué: • Budget alloué:					

ANALYSE DES MOYENS

Tâches	Temps	Équipe	Client	Qualité	Productivité
Journalières					
Hebdomadaires					
Mensuelles					
Occasionnelles					
Total :					

Note : Selon le secteur d'activité, il faudra parfois lier deux valeurs de performance (p. ex.: qualité et satisfaction du client).

Améliorer les performances de l'entreprise

Grâce à notre carré des performances, nous avons pu obtenir une vision globale des résultats obtenus par l'entreprise. **La deuxième phase est maintenant de savoir comment améliorer ses performances.**

La meilleure manière d'améliorer les performances d'un gestionnaire est, de notre point de vue, le coaching, c'est-à-dire la discussion avec son directeur et ses employés. Nous allons donc décrire ici les différents éléments qui doivent être discutés pendant le coaching et qui permettront d'améliorer les performances.

Quand la direction d'une entreprise demande à ses gestionnaires d'améliorer la qualité, ceux-ci proposent généralement un plan d'implantation d'un système de qualité. Plus fréquemment, quand la haute direction demande d'améliorer la productivité d'un secteur, ces gestionnaires proposent une solution très simple et peu créatrice: *« On va couper dans les budgets.»* À l'échelle d'une entreprise, cela se traduit par *«Cette année, tous les budgets vont être coupés de 20 % ».*

Ceci correspond à une solution qui peut avoir son efficacité, mais il s'agit souvent de court terme, et nous voulons vous présenter ici les différents moyens sur lesquels un gestionnaire peut jouer pour améliorer les performances de son entreprise ou de son département.

Bien entendu, les gestionnaires vont souvent dire qu'ils ne peuvent rien changer à certains de ces facteurs, par exemple la vision ou la structure de l'entreprise. Peu importe, il faut d'abord qu'ils passent en revue les différents éléments sur lesquels on peut jouer avant de dire qu'ils peuvent les modifier ou non.

De plus, ils doivent bien comprendre le fonctionnement de l'entreprise pour bien le transmettre à leurs employés et rien ne les empêche de faire des suggestions à leur direction.

Avant de passer en revue les différents éléments de succès, il faut tenter de comprendre les impacts des différentes actions à prendre.

- Si nous voulons améliorer la qualité de 5 %, cela va-t-il nous coûter 10 % de plus sur notre budget?
- Les clients ne sont-ils pas assez bien servis? ou alors trop bien?
- Faisons-nous de la surqualité?

Tout le problème est de savoir où nous sommes sur la courbe des coûts de la qualité, sachant qu'elle possède en général la forme suivante :

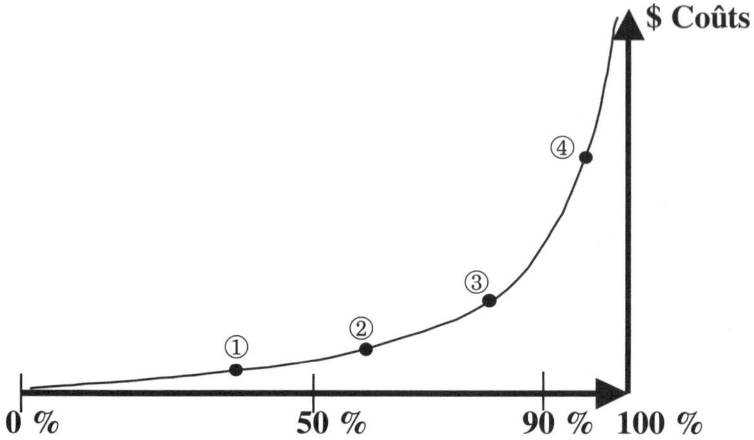

Taux de qualité
ou Taux de satisfaction client
ou Taux de satisfaction des employés

Cette courbe est exactement la même que celle d'un sportif pour améliorer ses performances, l'effort remplaçant l'argent sur l'axe vertical.

- Si nous sommes aux **niveaux 1 et 2,** nous avons encore du chemin à parcourir.
- Si nous sommes au **niveau 3,** nous pouvons nous poser la question de l'intérêt d'améliorer la qualité.
- Si nous sommes au **niveau 4,** cela risque de nous coûter très cher.

Les questions à se poser sont donc les suivantes:

1) Comparez-vous, pour chaque secteur de performance:
   - au passé
   - aux concurrents
   - aux attentes de la clientèle
2) Avez-vous besoin d'améliorer certains secteurs de performance?
3) Si oui,
   - devez-vous sacrifier un secteur pour en faire bénéficier un autre ?

- ou pouvez-vous garder les mêmes niveaux de performance dans chacun des secteurs et les améliorer de manière globale en modifiant certains des éléments stratégiques de l'entreprise (ceux que nous allons passer en revue)?

4) Si vous décidez de changer des éléments amenant aux résultats,
   - quelle solution allez-vous privilégier?
   - quels outils utiliserez-vous?
   - comment allez-vous utiliser le coaching pour favoriser les améliorations ?

La problématique est souvent la suivante: par où devons-nous commencer pour améliorer les performances?

Exemple :

a) Investir immédiatement dans les ressources humaines et la qualité afin de développer le marché au détriment de la rentabilité à court terme? On satisfait ainsi les clients et les ressources humaines, mais les investisseurs vont-ils suivre (c'est actuellement le cas pour les nouvelles technologies)?

ou

b) Développer la rentabilité afin de dégager des capitaux qui vont pouvoir permettre d'investir dans une nouvelle structure permettant une stratégie d'expansion?

   Si on décide d'augmenter la productivité, quelle priorité allons-nous privilégier?
   - Chercher de gros contrats auprès d'importants clients qui vont rapporter à court terme, mais qui sont dangereux à long terme ?
   - Diminuer les dépenses ? Auprès des ressources humaines ? En coupant la structure? En diminuant le nombre de produits/services offerts en se concentrant sur les plus rentables ?

ou

c) Préférons-nous aller chercher des capitaux
   - auprès d'une banque dont on risque de devenir dépendant?
   - auprès de fonds d'investissements avec lesquels il faudra partager les bénéfices futurs?

– auprès d'investisseurs qui voudront prendre le contrôle?
– en nous associant avec une autre entreprise, mais on sait qu'il y a toujours un vainqueur et un vaincu : lequel serons-nous?

Ce sont à toutes ces questions que doivent répondre les gestionnaires de l'entreprise; un tableau clair des performances peut les aider à prendre les bonnes décisions.

La première analyse possible est de tenter de déterminer les moyens qui ont été mis en place pour obtenir les performances et d'étudier si:

- ces moyens sont judicieux;
- s'ils sont trop faibles ou, au contraire, trop importants, et qu'ils devraient être réaffectés à un autre secteur. On constate souvent, par exemple, que des employés ou des départements mettent une grande partie de leur temps et de leur budget à gérer des problèmes mineurs de service à la clientèle (interne ou externe) alors qu'ils devraient consacrer leurs efforts à bien faire leur travail dès le début, ce qui éviterait nombre de ces dérangements par la suite.

FACTEURS AFFECTANT LES RÉSULTATS

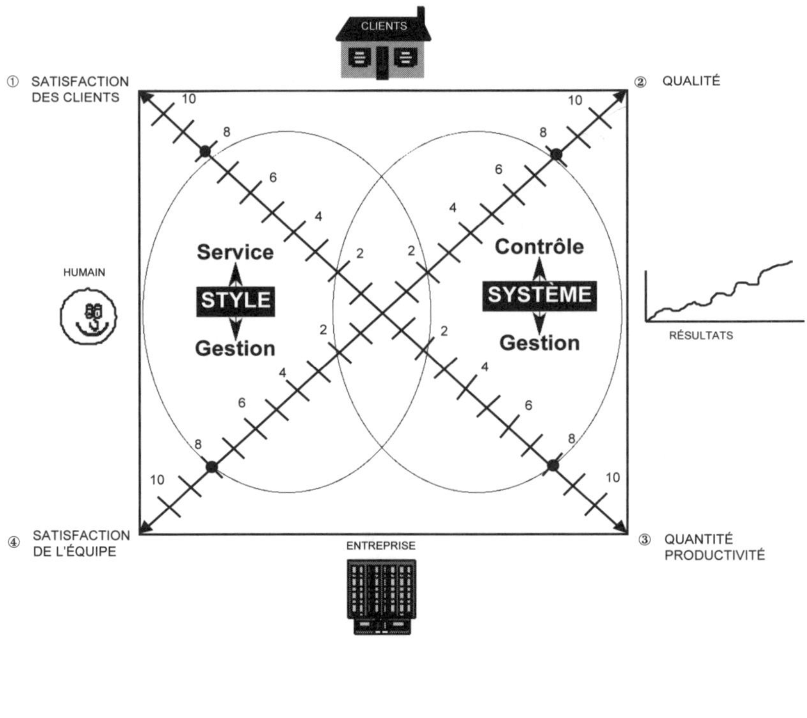

Satisfaction client

Résultat

- S'adapter aux désirs du client
- Écouter
- Comprendre les sentiments du client
- Trouver une solution
- Vérifier la satisfaction

Qualité

Résultat

- Normes de qualité
- Mesures
- Processus de suivi
- Corriger
- Imaginer pour aller plus loin

Satisfaction employés

Résultat

- Objectif commun
- Équipe > individu
- Transparence
- Écoute
- Respect mutuel
- Aider, se faire aider
- Rétroaction, construction
- Fêter les bons coups
- Exprimer franchement ses sentiments
- Être positif
- Mesurer
- Améliorer

Productivité

Résultat

(Prix vente – coûts) x Nombre vendu

Prix vente :

- Marketing, différenciation, techniques de négociation

Coûts :

- Analyse des coûts
- Analyse des processus utilisés

Nombre vendu :

- Capacité de production
- Force de vente, technique de vente
- Marché utilisé

Plan d'action mesuré par performances clés

Mesure : Qualité		Mesure : Relation équipe	Mesure : Quantité
Quoi ?	Qui ?	Comment ?	Combien ? Quand ?

AMÉLIORER LA PERFORMANCE PAR SECTEUR DE PERFORMANCE

Améliorer la satisfaction des employés

La solution la plus simple et la plus efficace est de mettre en place une gestion de type coaching à tous les niveaux de l'entreprise afin d'être à l'écoute des employés et de tenter d'y répondre.

Une démarche plus structurée suit les étapes suivantes.

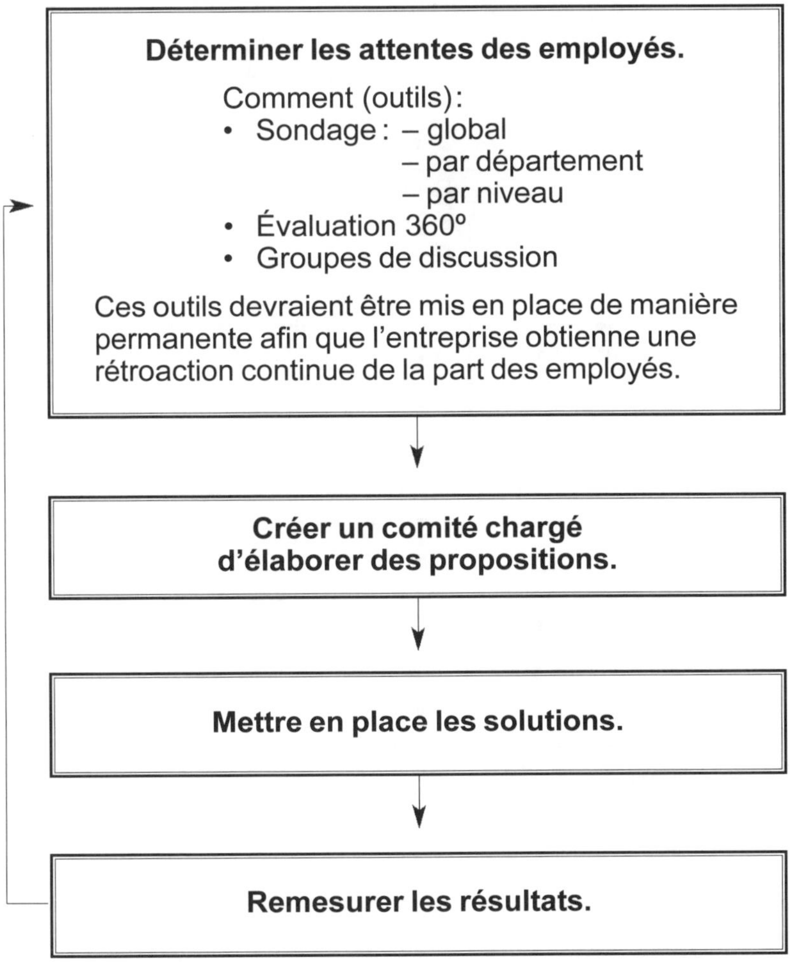

Améliorer la satisfaction des clients

Ici encore, le coaching des employés sur le terrain représente la solution la plus rapide et la plus efficace. La démarche globale est la suivante.

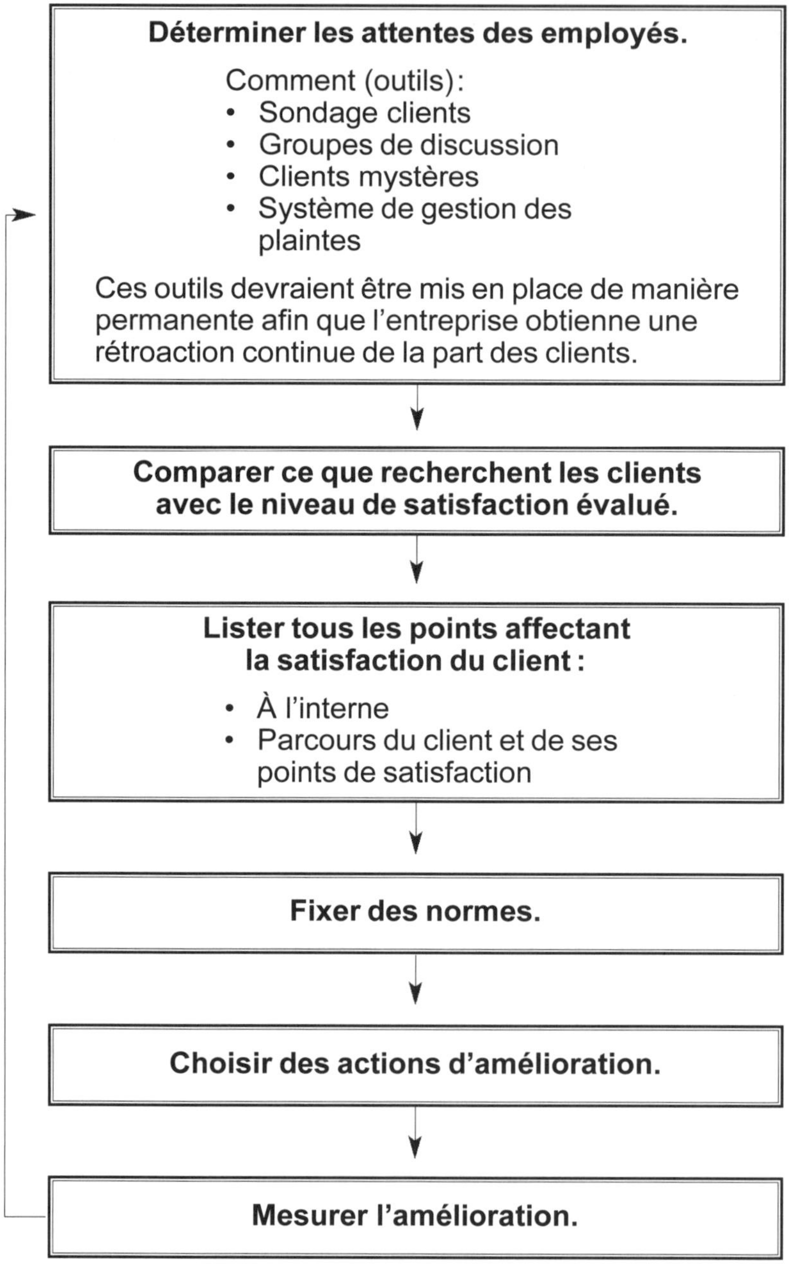

Améliorer la qualité

Le processus général est le suivant.

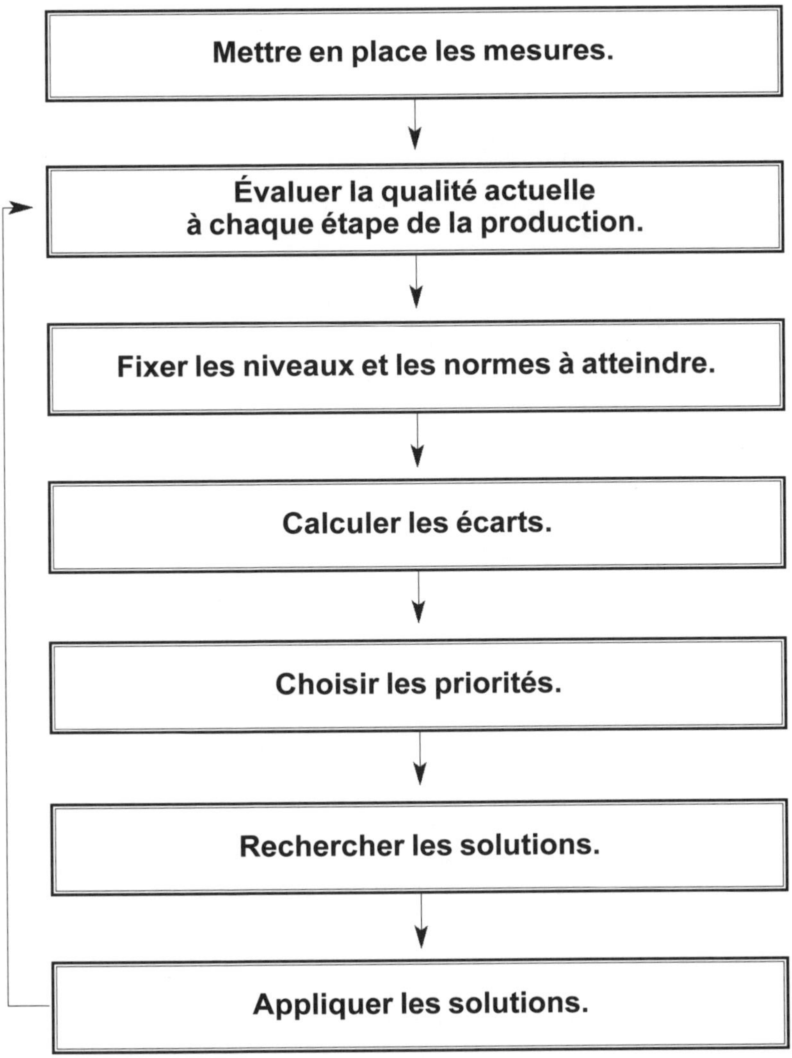

AMÉLIORER L'ENSEMBLE DES PERFORMANCES GRÂCE AUX FACTEURS CLÉS

Nous définissons ici les facteurs clés suivants qui influent sur la performance :

- Vision, mission
- Stratégie
- Ressources humaines
- Structure
- Processus, système

Vision — Valeurs — Mission — Objectifs

La vision est celle que nous avons du monde actuel et futur qui entoure l'entreprise ainsi que de la place de l'entreprise dans cette vision. De la qualité de cette vision du futur, que seuls quelques grands gestionnaires possèdent, dépendra la vision idéale de l'entreprise dans cet environnement.

C'est également, de notre point de vue de cette vision, que dépendra la mission (même si nous comprenons que certains placent la mission avant la vision).

Les valeurs d'une entreprise ou d'une organisation sont fondamentales, puisqu'elles sont la référence à partir de laquelle on peut évaluer de manière positive ou négative une performance, la réalisation d'une tâche, une attitude ou un comportement.

Elles existent donc de manière explicite ou implicite dans toute organisation, mais elles ne sont sûrement pas les mêmes entre toutes les entreprises, entre une organisation gouvernementale et une organisation criminelle, etc.

Les valeurs doivent, sous peine d'engendrer des différences importantes de comportement et d'appréciation, être connues et partagées par l'ensemble des membres de l'organisation.

Veuillez décrire les valeurs de votre entreprise:

1. ______________________________

2. ______________________________

3. ____

4. ____

La mission est, pour nous, la traduction de ce que l'entreprise veut réaliser dans son univers, c'est-à-dire par rapport:

- à ses clients
- à ses employés
- à l'environnement
- à la qualité
- à la profitabilité

Nous retrouvons en fait ici les quatre secteurs de performance de notre modèle (si, du moins, on inclut l'environnement dans le pôle satisfaction du client).

Les objectifs

Les objectifs doivent être la traduction directe et précise pour l'entreprise et les différents départements de la vision et de la mission.

Rôle de la direction

- Définir la vision et la mission, les traduire en objectifs quantitatifs et transmettre l'ensemble aux gestionnaires et aux employés pour les mobiliser.

Rôle des gestionnaires

- Transmettre leur point de vue à la direction pour influer sur la vision, la mission et les objectifs si cela est possible.
- Comprendre ces trois notions.
- Les transmettre à leurs employés pour les mobiliser.

Stratégie

La stratégie représente les orientations qui permettront à l'entreprise d'atteindre ses objectifs et de remplir sa mission:

- stratégie de développement?
- stratégie de consolidation?
- stratégie d'exploitation du marché?
- stratégie de désengagement?
- stratégie de vente d'investissement?

- stratégie d'alliances stratégiques?
- stratégie de rachat de l'entreprise?

Les stratégies de rachat d'entreprise se calculent généralement de la manière suivante:

1. **Calcul de la valeur de l'entreprise à racheter**

   On considère, actuellement, qu'une entreprise vaut environ son bénéfice moyen sur les trois dernières années multiplié par 5, exception faite de certains domaines tels que ceux de la nouvelle technologie où on détermine la valeur de l'entreprise en fonction des bénéfices attendus et, donc, du potentiel de croissance de l'entreprise.

   Exemple : L'entreprise Dumont fait 5 M de bénéfices.
   Valeur = 5 M x 5 = 25 M

2. **Objectif de rentabilité après rachat**

   L'objectif est calculé sur la base de 25 % à 30 % de bénéfice avant impôt (TRI = taux de rendement interne), ceci dans l'hypothèse où un placement en Bourse vous rapporterait 15 %; c'est-à-dire que les risques liés à l'achat d'une entreprise et à ses inconnues doivent être compensés par un rapport financier égal au double d'un rapport généralement plus sûr obtenu à la Bourse. Ainsi, si la Bourse rapporte environ 20 % d'intérêts, il est préférable de viser un rapport de 40 % pour le rachat d'une société. Cette marge garantit aussi contre un excès d'optimisme à l'achat.

3. **Objectif de contrôle de l'entreprise à racheter**

   L'objectif est d'obtenir un maximum de contrôle avec un minimum d'investissement, ce qui peut s'obtenir grâce à une bonne convention d'actionnaires. Si, dans notre exemple, nous considérons qu'il nous faut au minimum 50 %, cela veut dire que si l'entreprise vaut 25 M, il faut débourser 12,5 M pour l'acheter.

4. **Objectif de retour financier**

   Si l'investissement est de 12,5 M, il faut espérer recevoir 30 % de cette somme.

   Soit : 12,5 x 30 %, soit environ 4 M de profit à chercher.

   Pour que nous obtenions 6 M, il faut, sachant que nous avons 50 % des parts, que cette entreprise fasse 8 M de bénéfice la première année.

5. Objectif de revente

Si l'entreprise dégage 8 M de bénéfice, on peut estimer, grâce au même calcul, que cette entreprise vaut : 8 M x 5 = 40 M.

Après deux ou trois ans d'exploitation, il est donc possible de vendre cette entreprise 60 M.

Sur ces 40 M, nous avons 50 %, soit 20 M.

Le bénéfice à la revente après 2 ou 3 ans est donc de :

20 M – 12,5 M = 7,5 M

Cela nous montre que plus la croissance du profit est bonne, plus notre capital investi prend de la valeur.

On peut dire que, dans ce cas de figure, le capital initial de 12,5 M peut presque doubler en passant à 20 M grâce à un taux de profit d'environ 30 %.

Rôle des gestionnaires

Comprendre les orientations stratégiques, les traduire aux employés et, si cela est possible, les appliquer à leur niveau.

Ressources humaines

C'est la première ressource dont on dispose pour atteindre un objectif. Pour une entreprise débutante, dans le terme le plus réduit de la chose, cela sera constitué par le créateur lui-même de l'entreprise, et ce, avant même les moyens financiers, c'est-à-dire le budget dont nous allons traiter tout à l'heure.

Rôle de la direction et des gestionnaires

Recruter, former, coacher et motiver ses ressources humaines pour en faire les meilleurs dans leur domaine.

N'oubliez pas qu'à force et technologie équivalentes entre plusieurs entreprises, c'est la valeur de l'équipe qui fera la différence !

Structure

Il faut organiser l'entreprise grâce à une structure représentée par un organigramme.

Cette structure peut varier en nombre d'échelons hiérarchiques, en séparations latérales ou par silos, en rigidité ou en souplesse.

Rôle des dirigeants et de la direction

Optimiser cette structure en fonction de l'environnement de l'entreprise, de la vision et des objectifs à atteindre.

a. Structures verticales

- Structure pyramidale classique (de 4 à 5 niveaux)

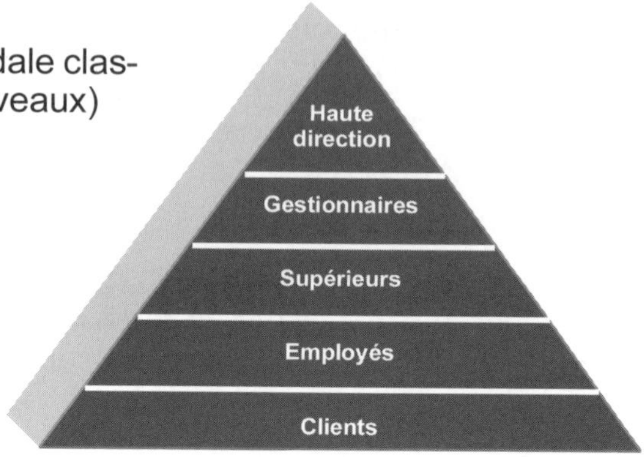

- Structure pyramidale avec beaucoup de niveaux (6, 7 ou plus).
  Dangers: la direction est-elle au courant de ce qui se passe sur le terrain ? Une telle structure ne peut tenir que grâce à une gestion de type coaching permettant un lien étroit entre chaque niveau.

- Pyramide écrasée à quelque 3 niveaux hiérarchiques.

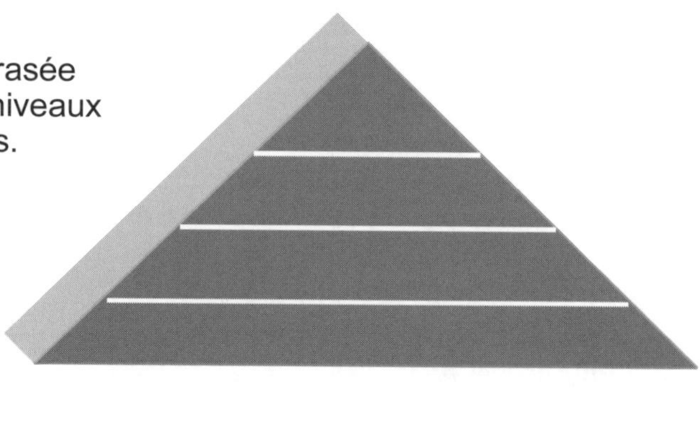

Une pyramide écrasée parfois utilisée dans le cadre d'une gestion par équipes autonomes peut présenter des dangers: si le nombre des employés est important dans l'entreprise, chaque directeur hiérarchique sera responsable d'un si grand nombre d'employés qu'il ne pourra ni les aider ni les coacher et même difficilement suivre les résultats de leur travail.

Les organisations possèdent beaucoup de mal à intégrer les nouveaux employés et à assurer la relève; elles choisissent alors souvent un système de coaching horizontal avec deux applications:

- le parrainage d'un nouvel employé avec un ancien: c'est un système qui marche bien, mais pour un certain temps seulement;
- la sélection de certains employés seniors pour assurer le coaching, mais cela pose des problèmes de susceptibilité et coûte cher à l'entreprise car ils sont retirés de la production.

b. Éléments de la structure

Mintzberg analyse cinq éléments dans la structure:

1) le conseil d'administration et le président, le comité exécutif et quelques conseillers;
2) la direction: vice-présidents, directeurs et contremaîtres;
3) les employés;

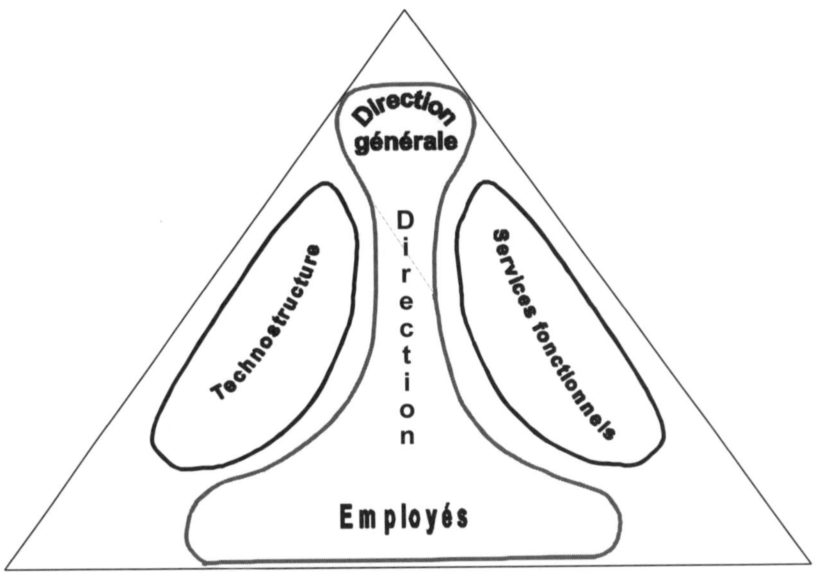

4) les services fonctionnels: relations publiques, relations industrielles, recherche et développement, réception, cafétéria;
5) la technostructure: planification stratégique, formation du personnel, recherche opérationnelle, contrôle de la production.

Mintzberg présente ensuite plusieurs formes d'entreprises en fonction de l'importance relative donnée à travers des éléments.

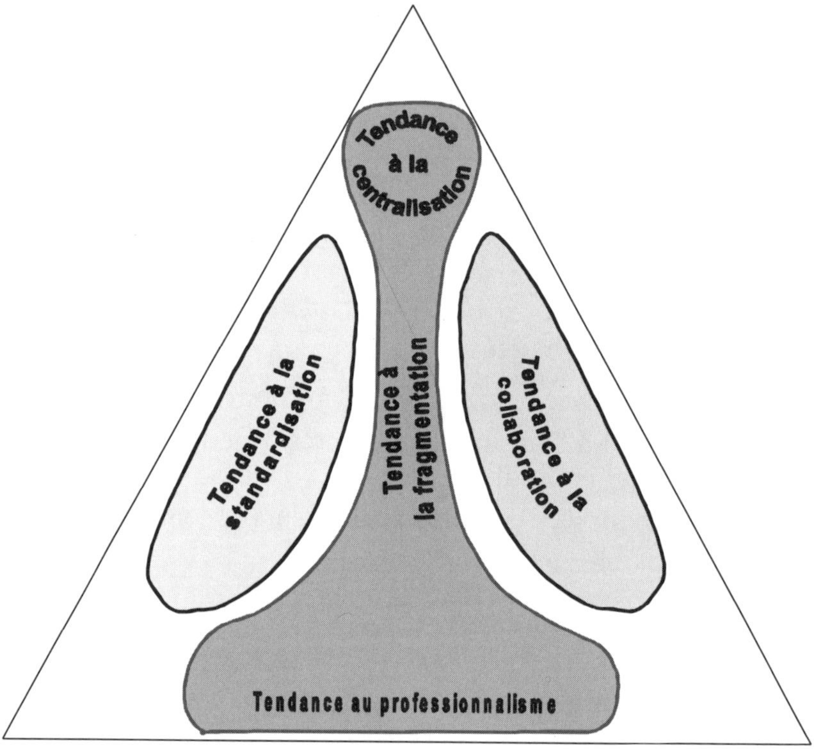

(Adapté de Mintzberg.)

Tendances des différentes catégories de l'entreprise d'après Mintzberg

L'intérêt principal de l'analyse des structures par Mintzberg est de montrer les intérêts et les tendances des différents partenaires de l'entreprise.

- Tendance de la direction générale à la centralisation et, nous ajouterons, à la mesure des performances financières.
- Tendance de la technostructure à la standardisation, que nous traduirons par la recherche de la qualité.

- Tendance des services fonctionnels à la collaboration, que nous traduirons par l'esprit d'équipe.
- Tendance des employés au professionnalisme et, nous ajouterons, à leur bien-être et à la satisfaction de leurs clients directs.

Mintzberg oublie cependant de mentionner que beaucoup de dirigeants d'entreprise ont à cœur le souci de satisfaire leurs employés et leurs clients, que la technostructure peut aussi penser centralisation, que les services professionnels peuvent être orientés sur le professionnalisme et la satisfaction de leurs clients internes, que les employés peuvent aussi avoir à cœur la volonté de collaboration et de productivité.

Nous pensons donc que la pyramide de Mintzberg est caricaturale du monde de l'entreprise, qu'elle est limitée quant aux attentes de chacun des partenaires de l'organisation et qu'elle traduit sans doute plutôt ce que l'auteur veut croire de l'entreprise mais qu'elle illustre quand même de manière intéressante les différents pôles du carré des performances dans la mesure où chaque intérêt attribué par Mintzberg à une catégorie du personnel de l'entreprise correspond à un pôle du carré des performances.

c. Structures éclatées

On dit des grandes organisations verticales qu'elles sont fortes mais lourdes et lentes à changer. On constate alors plusieurs tendances.

– Éclater les grandes entreprises en plusieurs petites (ex.: BCE en 1999, 2000).

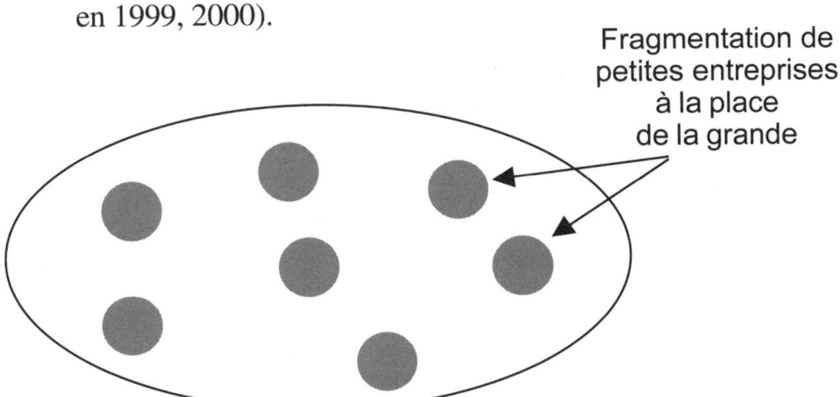

– Créer des « plateaux » ou unités horizontales.

d. Structure par fonction et processus

C'est une des plus simples mais aussi une des plus efficaces.

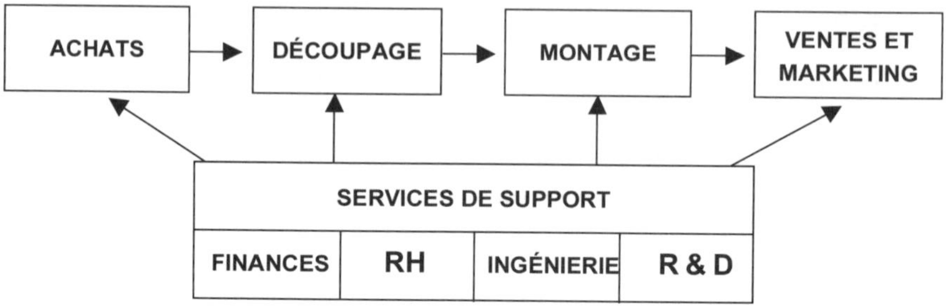

e. Processus et systèmes

Processus. On parle ici de processus de travail ou processus de production.

Ces processus peuvent être plus ou moins:

- efficaces
- longs
- courts
- simples
- complexes

Systèmes. Les systèmes sont souvent des:

- systèmes d'information
- systèmes de contrôle
- systèmes de recrutement
- systèmes de formation
- etc.

Les systèmes sont en fait des processus documentés et, comme le nom l'indique, systématisés à une entreprise ou à un département.

Rôle des gestionnaires. Trouver ou proposer des solutions dans leur département et à leur niveau.

f. Budgets

Le budget est à répartir sur chacun des éléments énoncés précédemment et c'est de sa répartition judicieuse que les meilleurs résultats sont obtenus.

g. Résultats

Comme nous l'avons vu, les résultats vont être mesurables grâce à notre carré des performances de l'entreprise.

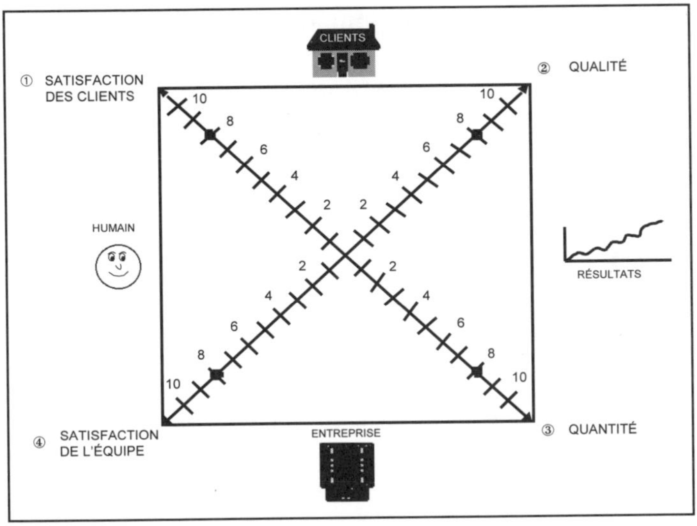

Il est intéressant de noter que les performances évaluées sont (ou devraient être) conformes à la mission de l'entreprise traduite en objectifs concrets.

Conclusion

Les entreprises connaissent généralement du succès grâce à des forces plus ou moins prononcées dans chacun de ces éléments. Ainsi, certaines entreprises ont d'excellents résultats car leur stratégie est excellente mais leurs systèmes sont très faibles, ce qui est souvent le cas des PME.

D'autres grandes entreprises sont toutefois très fortes en structure et en gestion, mais faibles en stratégie, etc.

Grâce aux moyens qui suivent, nous allons vous donner les outils pour :

- analyser les forces ou faiblesses de votre entreprise ou de votre unité;

- chercher des solutions à mettre en place ou à conseiller à votre direction;
- réfléchir aux impacts des changements sur ces différents apports afin de prendre des décisions en toute connaissance de cause.

De manière idéale, tous ces éléments doivent être passés en revue et discutés avec vos employés et supérieurs lors des rencontres de coaching afin de trouver des solutions originales et en ayant la compréhension et l'adhésion de chacun dans votre entreprise ou unité.

LES MOYENS DE LA PERFORMANCE

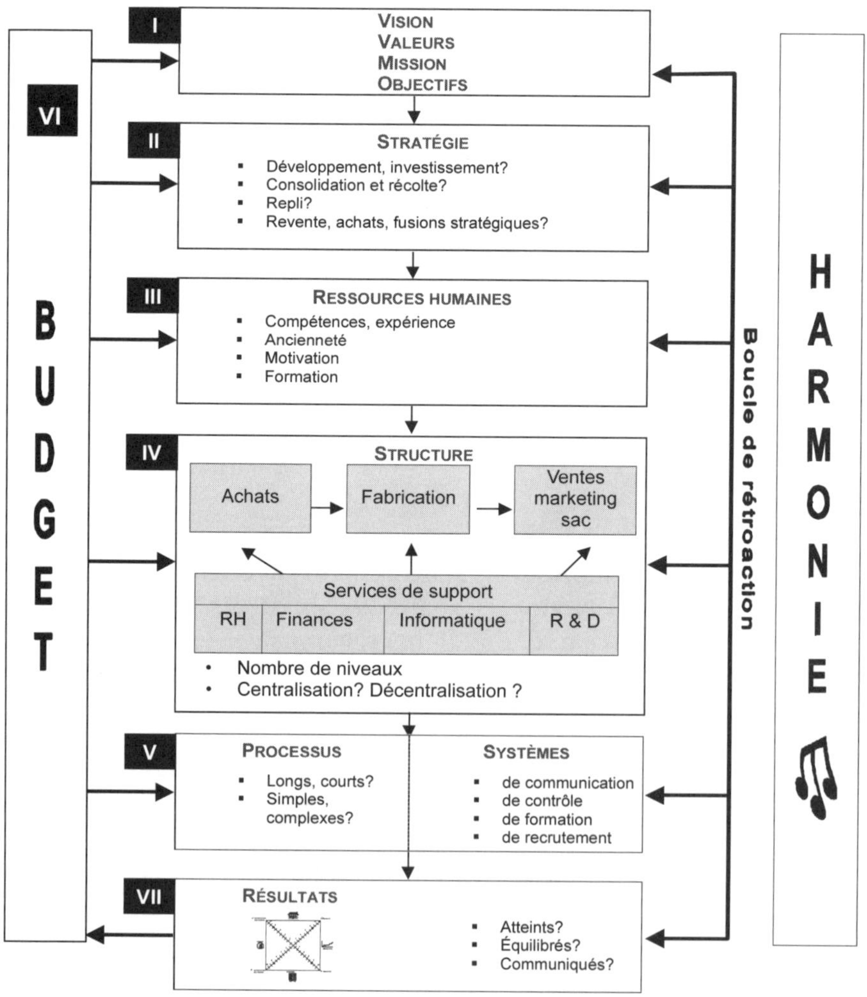

ORGANISATION ACTUELLE ET FUTURE

VI. Budget

	−	+	=	Solutions
I. Vision, valeurs, mission, objectifs • vision à long terme? communiquée ? • objectifs à long, moyen, court terme ? • objectifs simples et compréhensibles ? répartis? connus de tous? mesurables ? atteignables? motivants ?	−	+	=	**Solutions**
II. Stratégie • qualité et rapidité du système de cueillette des informations sur le marché et la concurrence • stratégie concurrentielle ? • rapidité de réaction de l'organisation aux décisions de la direction ? • stratégie de développement et d'investissement • stratégie de consolidation: diminution des coûts et rentabilité, récolte • stratégie de vente, d'achat ou de fusions stratégiques • participation des employés aux stratégies et tactiques (équipes multidisciplinaires) • projets ?	−	+	=	**Solutions**
III. Ressources humaines • valeurs • capacités, potentiel de développement (recrutement) • connaissances (formation) • motivation • style de gestion • capacité de s'adapter au changement • projets ?	−	+	=	**Solutions**
IV. Structure • nombre de niveaux • nombre de personnes/unités • équipes multidisciplinaires ? • silos verticaux ? • distribution du pouvoir? • centralisation? décentralisation ? • équilibre et efficacité de la structure (fonctions production, vente, marketing, distribution, supports administratifs)? • adaptabilité de la structure au changement? • projets ?	−	+	=	**Solutions**

VI. Budget

	–	+	=	Solutions
V. Systèmes et processus • organisation du travail : — cheminement *(work flow) :* simple ? complexe? interactions? — procédures opérationnelles • recrutement, avancement • motivation: possibilité d'avancement ? • formation • coaching • contrôle • communication ↑ ← →, formelle, informelle • système de rétribution des employés pour leurs idées appliquées? • contrôle de l'efficacité des systèmes : __ par le haut ? __ par le bas ? __ par les pairs ? • adaptabilité des systèmes au changement • système d'évaluation de la satisfaction de la clientèle • projets ?				Incitatif, contribution aux objectifs
VII. Résultats • objectifs atteints? équilibrés ? • résultats financiers? de production? de qualité? de vente? de satisfaction de la clientèle? Satisfaction des employés ? • résultats communiqués ? • harmonie ?	**–**	**+**	**=**	**Solutions**

De façon simplifiée, nous pensons que l'entreprise doit, à chaque niveau, se poser les questions suivantes:

Vision — Valeurs — Mission — Objectifs

Partagés pour tout le monde? La vision est-elle adaptée au monde extérieur futur de l'entreprise?

Stratégie

- Adaptée à la vision et à la situation actuelle?
- Adaptée aux capacités actuelles et futures de l'entreprise?
  a. Moyens financiers actuels ou possibles:
    – trésorerie (autofinancement)

   - banques (solution courante)
   - capitaux risqués (p. ex.: nouvelles entreprises sur Internet)
   - Bourse (p. ex.: entreprises de nouvelles technologies au NASDAQ)
   - revente de capitaux ou de filiales (p. ex.: Nortel)

b. Position sur le marché

c. Forces des concurrents

d. Développement du marché (voir les matrices marketing du BCG et de McKinsey)

Ressources humaines

- Partage de la vision? des valeurs? de la mission?
- Motivation ?
- Niveau intellectuel par poste?
- Niveau de connaissance par poste?
- Promotion interne afin de pourvoir aux besoins?

Structure

- De 10 à 15 personnes par niveau hiérarchique? Au-delà, le contrôle est difficile; au-dessous, les niveaux hiérarchiques sont sans doute trop nombreux.
- Équilibre d'efficacité entre les différents départements (achats, transformation des matières premières, assemblage, ventes, marketing, service à la clientèle, services de support)?
- Goulots d'étranglement?

Système

- Personnes recrutées évaluées par les pairs et la direction?
- Formation complétée par le coaching?
- Coaching systématisé (au moins une fois tous les trois mois)?
- Évaluation des performances clés?
- Prime liée aux performances?

ÉTUDE DE L'IMPACT ET DES SOLUTIONS PAR SECTEUR
POUR UN CHANGEMENT

Changement désiré : ____________________

Éléments	Impact	Solution	Qui	Quand
I. Vision Valeurs Mission Objectifs				
II. Stratégie				
III. Ressources humaines				
IV. Structure				
V. – Processus – Systèmes				
VI. Budget				
VII. Résultats – Employés – Clients – Qualité – Profits/productivité				

Les modèles dérivés

LE DIAMANT

Certaines entreprises préfèrent faire pivoter le carré d'un quart de tour, lui donnant alors la forme d'un losange, aussi appelé diamant.

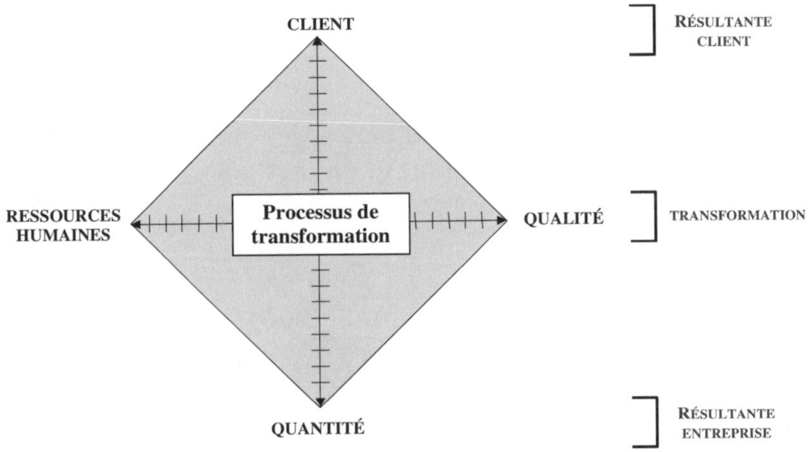

- L'inconvénient de ce module est que l'on voit moins bien la différence entre le côté humain et le côté résultat.
- L'avantage est qu'il montre plus clairement les résultantes,
  - résultante client en haut;
  - résultante entreprise en bas,

  et le processus qui se situe entre les deux.

LE DIAMANT AVEC MISE EN VALEUR DES COÛTS

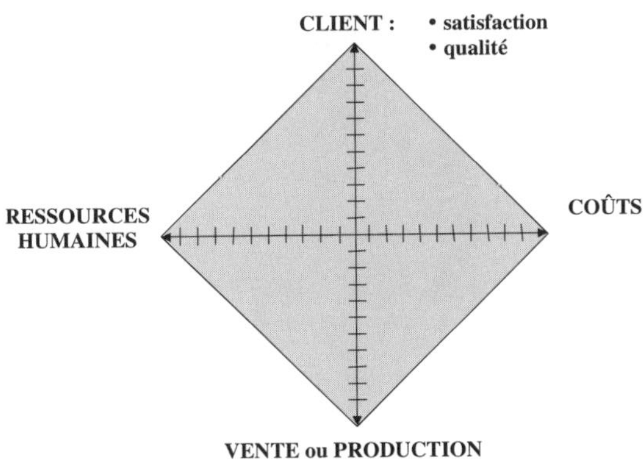

Dans ce modèle, la qualité est associée à la satisfaction du client, ce qui permet de libérer une pointe au diamant et d'y ajouter la composante COÛTS (qui était auparavant intégrée dans notre aspect quantitatif).

Le modèle permet de donner une importance plus significative aux aspects quantitatifs:

- VENTE (ou PRODUCTION);
- COÛTS.

Ce modèle est très souvent préféré par les entreprises privilégiant l'aspect quantitatif, en séparant et en mettant en relief ses deux aspects clés: QUANTITÉ et COÛTS.

LE PENTAGONE

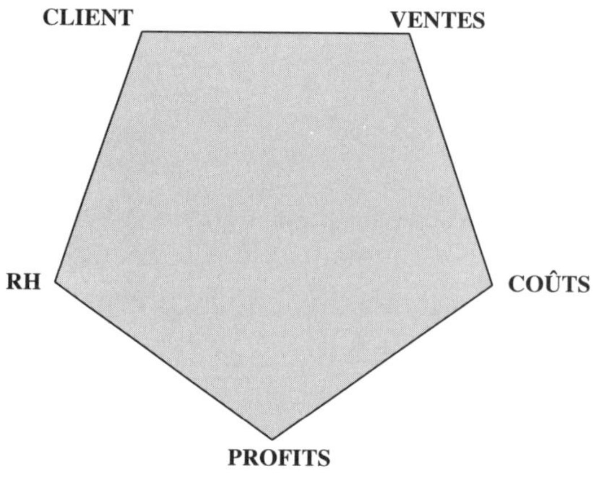

Le modèle met en avant l'aspect PROFITS et ne peut donc s'adapter facilement qu'à une entreprise ou à une unité de production autonome, et plus difficilement à un employé pour lequel il est très difficile d'évaluer les profits qu'il génère sur le plan individuel.

L'HEXAGONE

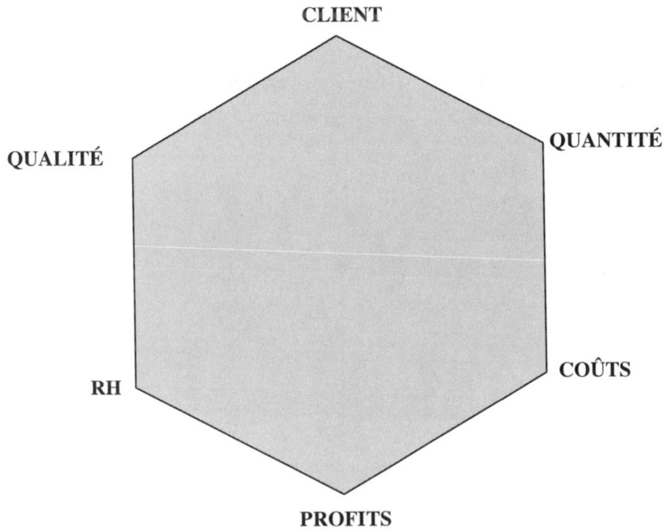

Ce modèle est particulièrement complet, mais la multiplication des pôles le rend moins facilement lisible.

LE TRIANGLE

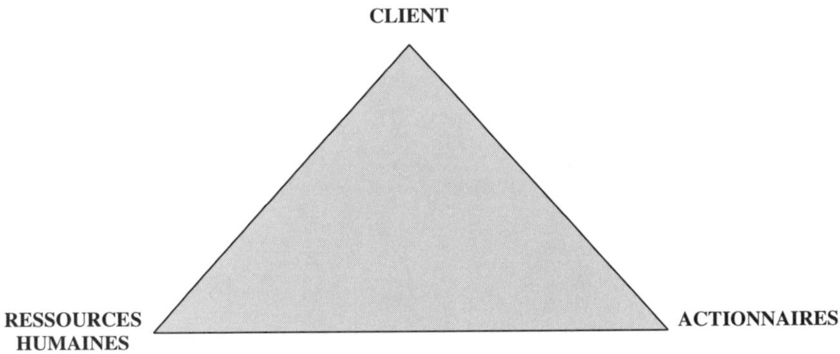

Ce modèle très simple est déjà utilisé dans certaines entreprises. Il lui manque cependant, à notre point de vue, une dimension très importante : la QUALITÉ.

LES MODÈLES À PLUSIEURS POINTES

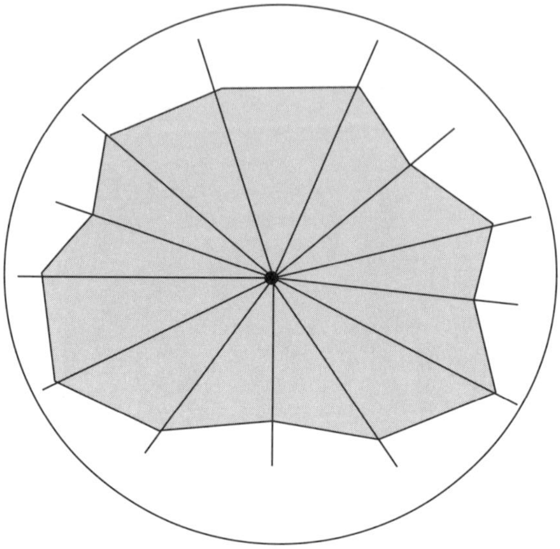

Ces modèles, également appelés TOILES D'ARAIGNÉE, sont très souvent utilisés dans les tests de personnalité. Ils ont l'avantage de mesurer plus de composantes. L'inconvénient majeur, toutefois, est qu'ils sont difficilement lisibles au premier coup d'œil, à cause de leur complexité.

LE DIAMANT ÉCLATÉ

Chaque composante est éclatée en trois ou en quatre dimensions.

Il est également possible d'aller plus loin et de mesurer l'efficacité de l'entreprise pour chaque dimension et non plus seulement la satisfaction des parties concernées.

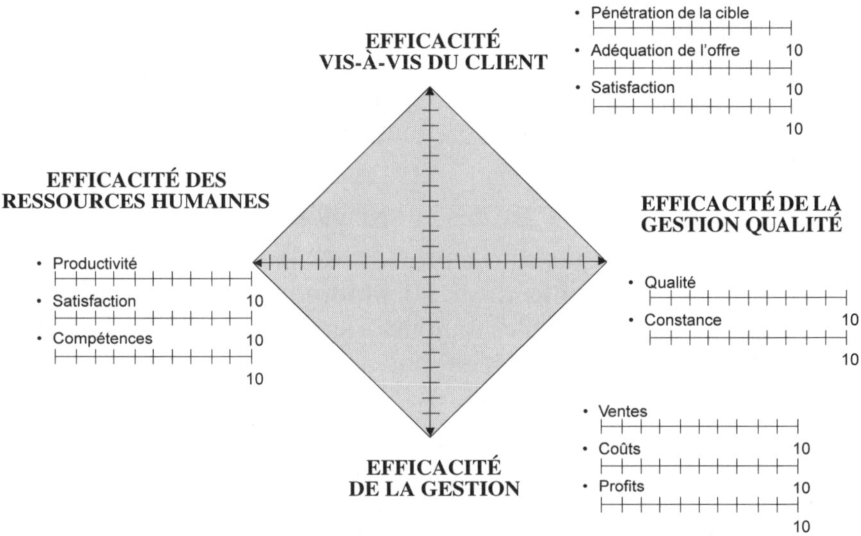

C'est peut-être le modèle idéal, car il permet:

- la visibilité immédiate de l'image globale;
- la visibilité immédiate des composantes ayant amené à cette image globale.

Les systèmes informatisés de gestion des performances

Dès qu'une entreprise commence à avoir une certaine taille, elle doit se doter d'un système informatisé de gestion des performances. Pour pouvoir gérer une entreprise, il faut pouvoir prendre des décisions en se basant sur des données, de la même manière qu'un automobiliste conduit sa voiture en fonction des informations qu'il perçoit: état de la route, circulation, vitesse affichée au compteur, température de l'huile, etc.

La comparaison avec la voiture permet de comprendre que tout dirigeant doit obtenir des informations ayant autant que possible les qualités suivantes:

- fiables grâce à une prise des informations à la source.
- pertinentes et en nombre limité (la meilleure manière de désinformer est de surinformer). Un automobiliste désire avoir les informations essentielles toujours à sa vue sans avoir à arrêter la voiture et à lever le capot du moteur.
- possibilité de forage: pour analyser la cause des résultats.
- obtenues en temps réel; en effet, que dirait un automobiliste qui lirait sa vitesse avec 3 minutes de retard?
- imputabilité : si les résultats sont bons ou mauvais, encore faut-il savoir ce qui en est responsable afin de pouvoir corriger la trajectoire si nécessaire.

Toutes ces caractéristiques font qu'une organisation, dès qu'elle dépasse une certaine taille, doit avoir recours à l'informatique si elle veut se donner un système de pilotage satisfaisant.

Ce système de pilotage de la performance devra comporter au moins trois volets:

1. un tableau de bord dont nous avons vu les qualités requises pour l'information qu'il donne (p. ex.: tableau de bord de voiture);
2. une possibilité de se donner un plan d'action pour corriger la trajectoire (p. ex.: le volant ou le levier de vitesse dans une voiture);
3. des outils afin d'aider à améliorer les choses (p. ex.: le cric ou le tournevis dans une voiture).

Après avoir étudié nombre de systèmes et de tableaux de bord, nous avons donc décidé d'en tirer les leçons pour créer un nouveau système de gestion des performances intégrant l'ensemble et dont la diffusion est réalisée par:

Challenge-Action inc.
6071, av. Notre-Dame-de-Grâce
Montréal (Québec) Canada
H4A 1N3
Tél. : (514) 486-8298
Courriel : jp.mercier@challenge-action.com
Site : www.challenge-action.com

Nous avons fait une comparaison avec les autres systèmes et nous vous présentons, ci-dessous, les avantages que nous y voyons par rapport à la majorité des autres tableaux de bord.

Tableaux de bord souvent rencontrés sur le marché	**Système de gestion des performances de Challenge-Action**
Simples tableaux de bord	Possibilité non seulement de lier les résultats aux décideurs mais aussi: • d'analyser la situation • de créer des plans d'action • de communiquer
Souvent purement comptables : • pas de moyen de comprendre et d'agir	Données comptables mais aussi les éléments qui en sont les sources : • possibilité d'anticiper et de corriger
Évaluation séquentielle de multiples indicateurs : • difficile à comprendre • difficile de voir les interrelations	Visualisation des quatre dimensions simultanément: • visualisation des interactions
Données souvent hétéroclites	Toujours les mêmes types de mesure, mais avec un objectif par secteur

Difficulté de compréhension : • multitude de chiffres en absolu • comparaison multiple : – année précédente – autre équipe – moyenne du secteur	Conversion des résultats en notes de 1 à 10 en fonction des objectifs donnés
Pas toujours de données historiques	Vision dans le temps avec les plans d'action proposés à l'époque et compréhension de leur efficacité grâce à la visualisation des résultats obtenus
Complexité des forages	Vision : • globale ou précise • forage facile et visuel
On a les chiffres, mais on ne sait pas toujours qui les produit et qui en est responsable (p. ex.: absentéisme).	Les chiffres sont presque toujours rattachés à ceux qui peuvent améliorer les résultats.
Souvent aucun outil d'aide pour améliorer les résultats.	Outils existants : • communication à distance • sondage clients • sondage employés Possible : • calcul des primes • etc.
Un seul mode de calcul des résultats.	Deux modes : • direct • cumulatif pyramidal
Pas de pondération	Pondération

EXEMPLES DE MESURES DE PERFORMANCE PAR DÉPARTEMENT

Afin de vous aider à choisir des mesures de performance, nous vous proposons dans les pages suivantes une liste, volontairement* non exhaustive, de mesures de performance réparties par département à l'intérieur de l'entreprise.

Nous vous conseillons de choisir un minimum de mesures pour garder un système simple, mais elles doivent être:
- pertinentes;
- faciles à mesurer;
- respecter les priorités de l'entreprise.

1 DIRECTION GÉNÉRALE

Fonction mesurée: ________ **Mesures de performance**	**Formule**	**Moyenne concurrence**	**Année précédente**	**Objectif**	**Résultat**	**Écart** + –
• Taux de profit	Profit x 100 / CA					
• Coût/employé	Dépenses totales / Nombre d'employés					
• Taux de profit/ dollar investi	Profit (annuel ou global) x 100 / Total investissement (annuel ou global)					

* Il ne s'agit pas ici d'un dictionnaire, nous utilisons bien entendu des catalogues plus vastes lors de consultation en entreprise.

2 RESSOURCES HUMAINES

Fonction mesurée: ______ Mesures de performance	Formule	Moyenne concurrence	Année précédente	Objectif	Résultat	Écart + –
1. Satisfaction des employés • Taux de satisfaction des employés (grâce à un sondage par département)	% d'employés très satisfaits x 100 / Nombre d'employés total % d'employés satisfaits x 100 / Nombre d'employés total % d'employés insatisfaits x 100 / Nombre d'employés total					
• Taux de rotation global	Nombre d'employés ayant quitté l'entreprise dans l'année x 100 / Nombre d'employés total					
2. Développement des employés • Taux de formation	Nombre d'heures de formation par an / Nombre d'employés					
3. Efficacité des employés • Revenu moyen par employé	Chiffre d'affaires / Nombre d'employés					
4. Efficacité de recrutement • Coût de l'embauche par département	Coût total des embauches / Nombre d'embauches					

3 PRODUCTION

Fonction mesurée: ______ Mesures de performance	Formule	Moyenne concurrence	Année précédente	Objectif	Résultat	Écart + –
• Pourcentage de produits défectueux	Nombre de produits défectueux x 100 / Nombre de produits périmés					
• Pourcentage de retouches	Nombre de retouches x 100 / Nombre de produits fabriqués					

4 Qualité

Fonction mesurée : ______ Mesures de performance	Formule	Moyenne concurrence	Année précédente	Objectif	Résultat	Écart + –
• Coûts de la non-qualité	$\frac{\text{Coûts de la non-qualité x 100}}{\text{CA}}$					
• Nombre d'erreurs/ nombre de produits ou services fournis	$\frac{\text{Nombre d'erreurs (ou d'imperfections) x 100}}{\text{Nombre de produits fabriqués}}$					

5 Finance

Fonction mesurée : ______ Mesures de performance	Formule	Moyenne concurrence	Année précédente	Objectif	Résultat	Écart + –
• Taux de rendement des capitaux investis	$\frac{\text{Bénéfice x 100}}{\text{Capitaux investis}}$					
• Taux de rendement de l'actif	$\frac{\text{Bénéfice x 100}}{\text{Actif}}$					

6 Recherche et développement

Fonction mesurée : ______ Mesures de performance	Formule	Moyenne concurrence	Année précédente	Objectif	Résultat	Écart + –
• Taux de nouveaux produits ou services	$\frac{\text{Nombre de nouveaux produits (ou services) x 100}}{\text{Nombre total de produits (ou services)}}$					

7 VENTES

Fonction mesurée : ______ **Mesures de performance**	**Formule**	Moyenne concurrence	Année précédente	Objectif	Résultat	Écart + –
• Taux de couverture de marché	Nombre de clients / Nombre de la population ciblée					
• Nombre de visites/vendeur/jour	(Nombre de visites annuelles totales réalisées / Nombre de vendeurs) / Nombre de jours ouvrables					
• Nombre d'appels/vendeur/heure	(Nombre d'appels réalisés / Nombre de télévendeurs) / Nombre de jours ouvrables					
Téléphone • Ventes par appel	CA / Nombre d'appels					
• Coûts par appel	Budget des dépenses du centre d'appel / Nombre d'appels					
• Nombre d'appels raccrochés par les clients en attente par jour	Nombre d'appels raccrochés par le client x 100 / Nombre d'appels d'entrée de la journée					

8 MARKETING

Fonction mesurée: Mesures de performance	Formule	Moyenne concurrence	Année précédente	Objectif	Résultat	Écart + -
Marketing • % CA des produits « Étoile » — nombre de produits « Étoile »	CA des produits « Étoile » x 100 / CA total Nombre de produits « Étoile » x 100 / Nombre de produits vendus					
• % CA des produits «Vache à lait» — nombre de produits «Vache à lait»	CA des produits «Vache à lait» x 100 / CA total Nombre de produits «Vache à lait» x 100 / Nombre de produits vendus					
• % CA des produits « Dilemme » — nombre de produits « Dilemme »	CA des produits « Dilemme » x 100 / CA total Nombre de produits «Dilemme» x 100 / Nombre de produits vendus					
• % CA des produits « Bois mort» — nombre de produits « Bois mort»	CA des produits «Bois mort» x 100 / CA total Nombre de produits «Bois mort» x 100 / Nombre de produits vendus					
Publicité • % de la cible atteint par les médias	Nombre de personnes atteintes dans la cible visée x 100 / Nombre de personnes composant l'ensemble de la cible visée					
• Coûts/milliers de clients rejoints par les médias	Budget publicité / Nombre de milliers de clients rejoints par les médias					
• Coûts/appel généré	Budget publicité / Nombre d'appels obtenus					

8 (suite)

Fonction mesurée: / Mesures de performance	Formule	Moyenne concurrence	Année précédente	Objectif	Résultat	Écart + −
Promotion • Ventes/promotions	Augmentation des ventes à la suite d'une promotion x 100 / Ventes moyennes habituelles sans promotion					
Circuits de distribution • Coûts par réseau	Coûts de distribution dans le réseau x 100 / Ventes du réseau					
• Profit par réseau	Profit x 100 / Ventes du réseau					

9 APPROVISIONNEMENT

Fonction mesurée: / Mesures de performance	Formule	Moyenne concurrence	Année précédente	Objectif	Résultat	Écart + −
• Taux des retours de marchandises aux fournisseurs	Montant des retours de marchandises x 100 / Total des achats					
• Taux de retards de livraison	Nombre de retards de livraison x 100 / Nombre de livraison					

Note : Afin de ne pas être fastidieux, nous avons voulu vous donner seulement quelques exemples de mesures de performance à titre indicatif. Bien entendu, lors d'une intervention de consultation auprès d'une entreprise, nous nous servons d'une gamme plus étendue de ratios en fonction du secteur à étudier.

Développer les performances de vos employés et de vos vendeurs

Description des profils types d'employés en fonction de leurs performances

Nous avons catalogué 17 types principaux d'employés en fonction de leurs performances. Bien entendu, il s'agit ici de profils extrêmes, presque des caricatures, qui vous aideront à mieux comprendre les différents types. Vous-même et vos employés vous positionnerez sans doute de manière plus intermédiaire sur chacune des quatre échelles qui peuvent aller de 1 à 5 ou de 1 à 10 et qui mesurent:

- la satisfaction de l'équipe de travail;
- la satisfaction du client interne ou externe;
- la qualité du travail;
- la productivité.

Comme vous le verrez dans les schémas, le haut de la figure représente le côté *Client (interne ou externe)* alors que le bas représente le côté *Entreprise.* La gauche du tableau représente le côté humain alors que la droite représente le côté *Résultats.*

À partir de ces quatre dimensions, il est possible de représenter les différents cas rencontrés.

Bien entendu, les mots «employé» ou «coach» sont ici génériques et peuvent représenter aussi bien des balayeurs que des superviseurs, des directeurs, vice-présidents, présidents, ou même des membres du conseil de direction.

Nous avons parfois ajouté une partie spécifique pour la description de vendeurs correspondant à certaines catégories.

Les conseils donnés pour le coaching par type d'employés ne sont bien sûr pas limitatifs et devront être adaptés à chaque personnalité.

Le processus général de réalisation du coaching est le suivant.

1) Prenez conscience de la situation actuelle.
   - Demandez à votre employé de remplir le schéma en fonction de sa perception.

- Donnez la situation en fonction des chiffres que vous possédez ou de votre appréciation.
- Mettez-vous d'accord sur la situation réelle.

2) Déterminez les priorités.
3) Recherchez les causes des déficiences avec l'employé sans oublier que les trois causes principales sont:
   - l'employé ne sait pas (il n'a pas les compétences);
   - l'employé ne veut pas;
   - l'employé ne peut pas.
4) Mettez-vous d'accord sur une solution avec des gestes précis à établir et des résultats à mesurer.
5) Vérifiez les résultats, félicitez pour les progrès accomplis et fixez-vous de nouveaux objectifs.

Développement des performances individuelles

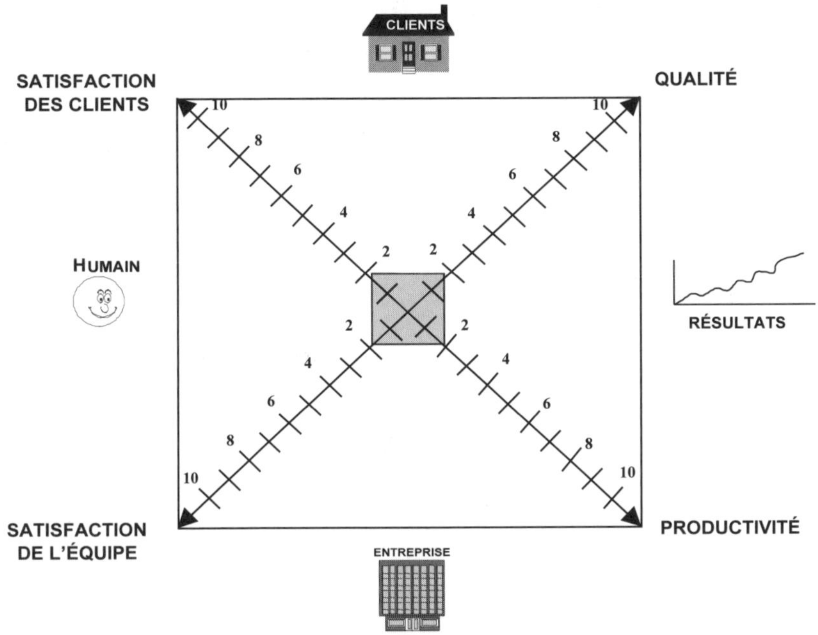

+ Employé débutant ou à développer

➶ Fort potentiel d'amélioration dans les compétences clés, mais le coach devra déterminer la compétence prioritaire à développer.

Situation

L'employé est faible sur tous les plans. Il peut s'agir d'un employé débutant et encore mal intégré, ce qui laisse entrevoir un très bon potentiel de développement.

S'il s'agit d'un employé déjà ancien dans son poste, il a trois possibilités :

- L'employé n'a pas et n'a jamais eu les compétences; on peut alors se poser la question à savoir comment il a pu obtenir son poste et comment il l'a gardé.
- L'employé ne veut plus travailler.
- L'employé doit réaliser des tâches au-dessus de ses capacités, ce qui engendre aussi une forte démotivation.

Attitudes

- **Prise de décision:** L'employé évite de prendre des décisions.
- **Confiance en lui:** Faible pour ce qui concerne son travail.
- **En cas de conflit:** Essaie de rester en dehors.
- **Sens de l'effort :** Faible.

Quand on trouve des employés de ce type dans une équipe, on peut d'abord se poser des questions sur son directeur.

Vendeur

Vous ne pouvez pas laisser un vendeur de ce type en contact avec les clients sous peine de nuire gravement à votre entreprise. Si c'est un nouveau, formez-le ou coachez-le. S'il possède de l'expérience, réalisez aussi vite que possible une rencontre d'évaluation de son rendement et, s'il n'y a pas de correction rapide, proposez-lui de nouvelles avenues.

Gestionnaire

Un gestionnaire de ce type ne porte intérêt ni à son entreprise, ni à ses employés, ni à la qualité, ni à ses clients. Il est sûrement démotivé, et il constitue une menace grave pour l'entreprise et, donc, pour ses collègues.

Vous ne pouvez laisser un tel gestionnaire à son poste.

Coaching

- Évaluez les objectifs de performance les plus faciles à développer et ceux qui causent le plus d'impact.
- Choisissez un objectif prioritaire.
- Donnez-vous un délai pour l'atteindre au-delà duquel vous devrez réaffecter l'employé s'il n'y a pas de progrès. Vous ne pourrez pas tolérer longtemps un employé de ce type dans votre équipe.

ATTENTION ! De manière exceptionnelle, il peut s'agir d'un ancien bon employé en période de burnout. Vous devez alors le comprendre, le soutenir en diminuant provisoirement ses objectifs tout en luiapportant des moyens supplémentaires et lui proposer de consulter le service d'aide de l'entreprise. Cette période peut aller de trois à six mois pour l'employé, parfois plus.

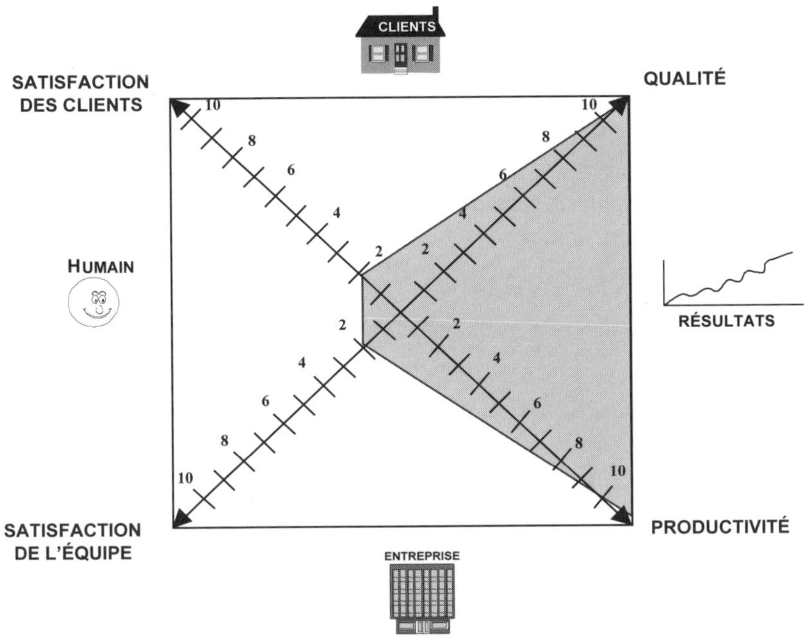

+ Employé très orienté sur les **résultats** aussi bien pour la **qualité** que pour la **productivité.**

Besoin de développer le pôle relations humaines.

SITUATION

L'employé est très performant sur les critères objectifs de productivité et de qualité, mais ne se fait apprécier ni de ses clients internes ou externes, ni même de ses collègues, souvent parce qu'il les méprise car ils n'ont pas d'aussi bons résultats que lui. L'employé est généralement rapide, bien coordonné, comprend vite et exécute rapidement ce qu'il fait. Il connaît très bien ses performances et c'est pour cela qu'il travaille.

Ce type d'employé est souvent arrogant, méprisant, se trouve supérieur à ses collègues et même à ses directeurs qu'il trouve incompétents. À ses yeux, la direction de l'entreprise non plus ne sait pas où elle va. *«Si j'étais à leur place, il y a longtemps que j'aurais fait cela...»*

- Ce qu'il pense de ses collègues: *«Ils ne sont pas motivés, ils passent leur temps à discuter, c'est à cause d'eux que nos résultats sont limités.»*
- Ce qu'il pense des clients internes ou externes: *«Je veux leur bien, mais ce ne sont pas des spécialistes comme moi; ils doivent donc m'écouter car c'est moi qui sais exactement ce dont ils ont besoin. Certains clients sont très désagréables, je refuse de les servir.»*

Vendeur

Ce type de vendeur a, en général, un temps d'appel ou de visite très court pour chaque client. La découverte est escamotée car, comme il dit si bien, *«Je sais ce dont mon client a besoin»;* il est par contre excellent pour fermer une vente. Ses résultats sont très bons, mais il faut vérifier le taux de rétention des produits qu'il a vendus à ses clients, taux qui est en général très faible. Ce vendeur a généralement beaucoup de produits retournés ainsi que plusieurs plaintes de la part de ses clients.

Gestionnaire

Ce gestionnaire n'est préoccupé que par les résultats quantitatifs et méprise le côté humain tant vis-à-vis de ses employés que de ses clients.

Ses résultats à court terme peuvent être bons; son intelligence très cartésienne lui permet de faire bonne figure mais son autoritarisme lui fera perdre ses meilleurs employés entraînant à terme une baisse des résultats quantitatifs.

- Son coaching? Très court: *«C'est comme cela qu'il faut faire.»*
- Le nombre de bonnes méthodes: *«Il n'y en a qu'une, la mienne.»*
- Quand les résultats sont bons: *«C'est grâce à moi.»*
- Quand les résultats sont mauvais: *«C'est à cause des autres, ils ne m'ont pas écouté.»*

ATTITUDES

- **Prise de décision:** C'est lui qui décide car c'est lui qui «sait».
- **Confiance en lui:** Très forte.
- **En cas de conflit:** Il attaque.
- **Sens de l'effort:** Très fort pour lui et pour les autres.

COACHING

- Faites-lui reconnaître ses forces mais aussi ses points à améliorer, c'est-à-dire le côté humain, ce qui n'est pas facile car ces personnes se croient excellentes partout. Vous devez donc avoir des éléments de mesures objectifs: nombre de plaintes des clients ou des membres de l'équipe, taux de satisfaction de la clientèle, degré de satisfaction des collègues (grâce à des sondages 360 °).
- Fixez avec lui un objectif de perfectionnement **observable** et **vérifiable** avec des gestes simples à faire permettant d'améliorer son pôle relations humaines.

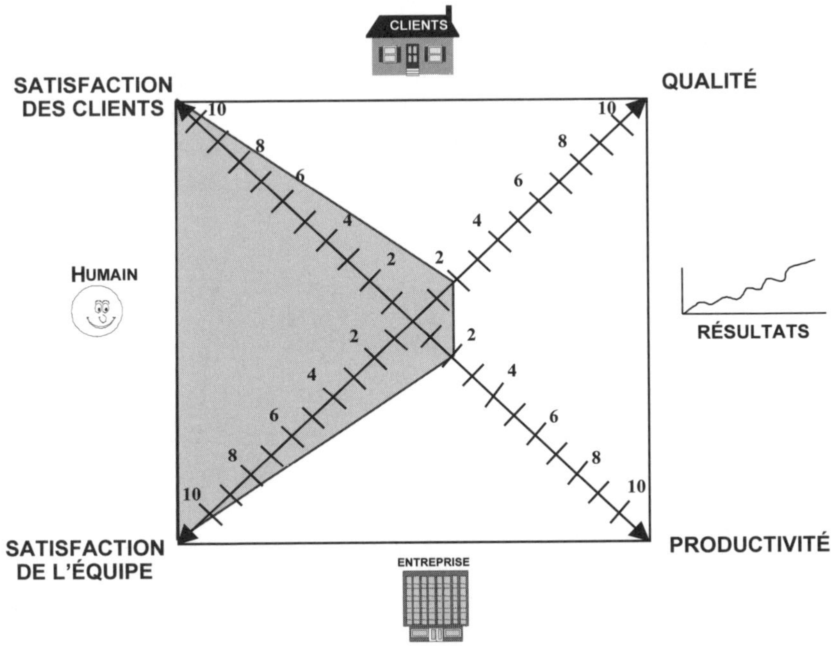

+ Employé orienté sur les **relations humaines.**

➶ Les côtés productivité et qualité sont à développer.

SITUATION

L'employé a de très bonnes relations avec les employés et avec ses clients internes ou externes, mais n'a que de faibles résultats quantitatifs et qualitatifs; il est surtout à l'aise dans les relations humaines.

Ce qui conditionne ses actions est la question *« Si je fais cela, qu'est-ce que les autres vont penser de moi ? »*. Souvent, il arrive le matin avec le café et les muffins et fait du *« social»*. Il se met donc au travail avec retard, ses pauses sont longues, il a des appels personnels et aide ses collègues quand il le peut. Il est bien vu par ses collègues, possède parfois son petit groupe d'amis ou de confidents.

Les pôles de performance

- Ses collègues: *« C'est une équipe formidable, c'est pour cela que je suis encore ici. »*
- La qualité: *« C'est encore une affaire pour nous évaluer; ce qui est important, c'est la relation avec mon client. »*
- La direction: *« Individuellement, ils sont gentils mais ils nous demandent toujours de travailler plus; ils ne pensent que profit et productivité; ils ne voient pas le côté humain; avant, ce n'était pas comme cela ! »*

Vendeur

«Avant, on nous demandait de faire du service à la clientèle, maintenant, on nous force à vendre au client; pour moi, ce qui est important, c'est que le client nous aime bien et ce n'est pas en lui vendant tous nos produits que l'on y arrivera. »

Son temps par appel est en moyenne beaucoup plus élevé que celui du reste du groupe, surtout à cause de certains appels ou rencontres auprès de clients avec lesquels il sympathise.

Ces employés vont avoir besoin de venir parler avec leurs collègues pour se rassurer et se sentir bien. Le problème, c'est que non seulement leur productivité est faible, mais ils diminuent aussi l'efficacité de l'ensemble de l'équipe.

Gestionnaire

Ce gestionnaire est uniquement préoccupé de se faire bien voir; il laisse donc les employés décider à sa place pour les satisfaire.

Le coaching: très long; il parle de tout et de rien et évite les sujets délicats.

Ce gestionnaire va voir le contrôle de son équipe lui échapper; certains de ses employés, orientés sur les résultats et un comportement autoritaire, vont faire la loi à sa place.

Les meilleurs employés risquent aussi de quitter l'équipe, car leurs efforts pour améliorer les résultats ne seront pas soutenus par leur gestionnaire qui se préoccupe surtout de se faire bien voir. Le département de ce gestionnaire risque rapidement de tomber dans un état de chaos si chacun fait ce qu'il veut en fonction de ses intérêts personnels, à moins qu'un ambitieux ne prenne le pouvoir vacant...

Attitudes

- **Prise de décision :** Hésitante, en fonction de ce que les autres vont penser.
- **Confiance en lui :** Très faible.
- **En cas de conflit :** Déteste le conflit, il l'évitera ou donnera raison aux autres.
- **Sens de l'effort :** Important mais pour plaire aux autres et se faire accepter.

Coaching

- Faites-lui observer ses résultats quantitatifs.
- Faites-lui prendre conscience que toutes ses décisions sont gouvernées par son désir d'acceptation par ses collègues ou clients.
- Apprenez-lui la rigueur, la tenue d'un agenda, la fixation d'objectifs.
- Demandez-lui de se confronter aux difficultés.
- Allez par petites étapes pour ne pas l'effrayer.

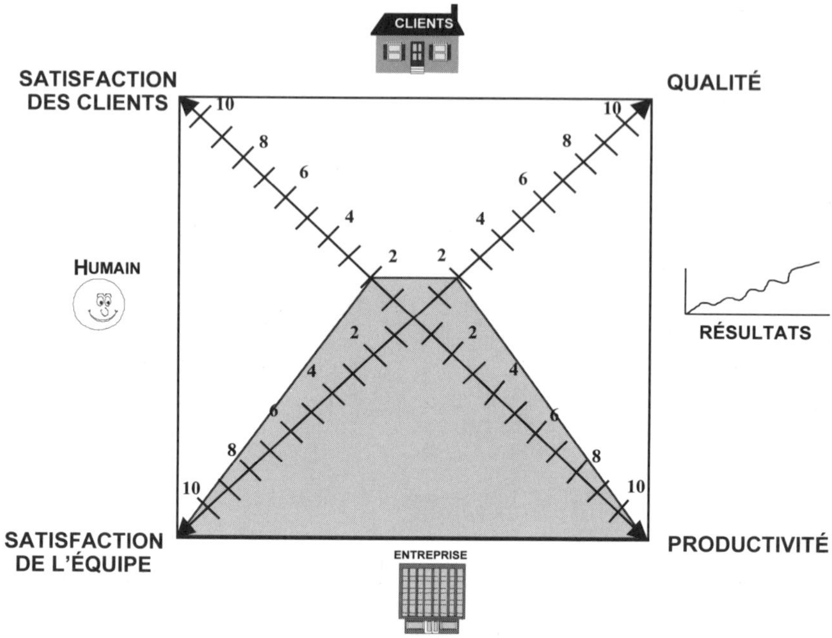

+ Employé orienté vers le pôle **entreprise.**

➶ Développer son orientation **clientèle.**

Situation

L'employé est replié sur son entreprise, il n'est pas à l'aise avec son client, interne ou externe, pour diverses raisons: il est complexé par rapport à un client qui possède un niveau supérieur au sien, il a peur de faire face à des réclamations ou à des plaintes, il n'aime pas aller sur la route, ses clients l'intimident, etc.

Les pôles de performance

- Les clients: *« Les clients sont de plus en plus difficiles; ils ne sont jamais contents, ils changent d'avis régulièrement et nous empêchent de travailler selon notre planification. Nos clients sont trop gâtés, c'est à nous de leur imposer nos normes. »*
- La qualité: *« On veut toujours en faire plus pour les clients, mais cela coûte cher en productivité pour l'entreprise. »*

- L'équipe : *«C'est grâce à elle que je suis heureux dans l'entreprise. »*
- Les résultats: *«Je suis bien organisé et cela va bien.»*

Vendeur

Ce vendeur est souvent à son bureau; il n'aime pas les relations avec ses clients auxquels il préfère le confort du travail administratif et les relations avec son équipe ou avec les autres employés de l'entreprise. Il fait cependant son quota de visites, lesquelles sont aussi courtes que possible, pour ne pas avoir de problèmes. Ainsi, on peut dire qu'il respecte sa productivité, mais il n'y a que peu de chance qu'il atteigne ses objectifs de vente à moins qu'il ne soit sur un marché très porteur qui le lui autorise.

Gestionnaire

Ce gestionnaire est uniquement préoccupé de défendre son entreprise ou son département contre les « agressions » de l'extérieur.

Les chiffres quantitatifs de son équipe sont bons et son équipe est heureuse, mais la qualité laisse à désirer et les clients sont insatisfaits.

L'équipe se satisfait d'elle-même mais risque de perdre sa réputation et ses clients rapidement. Il s'agit ici d'un gestionnaire orienté sur les chiffres et la satisfaction de son équipe. Cela arrive souvent avec des «comptables» promus gestionnaires ayant également une dimension humaine mais auxquels il manque l'orientation client.

Attitudes

- **Prise de décision:** En fonction de ce qui est bien pour l'entreprise et l'équipe.
- **Confiance en lui:** Bonne, il est satisfait de lui-même et de son entreprise.
- **En cas de conflit:** Il défend toujours l'entreprise ou l'unité face au client interne ou externe.
- **Sens de l'effort :** Important pour l'entreprise.

Coaching

- Faites-lui reconnaître la situation actuelle.
- Choisissez avec lui un objectif concernant la relation client ou la qualité du produit/service livré au client.

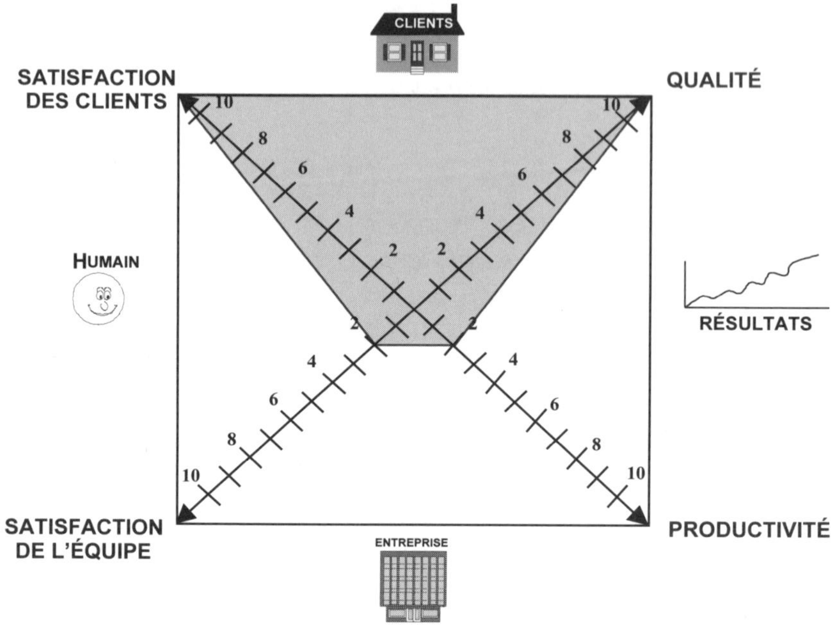

+ Employé très orienté vers le pôle **client.**

➚ Développer son orientation **entreprise.**

SITUATION

L'employé fait du travail de qualité et possède une très bonne relation avec ses clients; par contre, il n'aime pas son équipe de travail et y passe le moins de temps possible.

Les pôles de performance

- Les clients: *«J'ai de très bonnes relations avec eux, c'est la raison principale pour laquelle je suis encore ici et c'est pour cela que je fais de la qualité. Pour moi, le client, c'est la raison d'être de l'entreprise même si mes collègues ne le comprennent pas. Si un jour je quitte mon poste, c'est pour aller travailler chez un de mes clients.»*
- La qualité: *«Pour bien servir nos clients, nous devons avoir une qualité parfaite et il faut y mettre le temps qu'il faut.»*

- L'équipe : *«Je m'entends assez mal avec eux, je préfère mes clients. »*
- Productivité : *« Notre direction veut toujours nous en faire faire plus au détriment de la qualité. Elle sacrifie les clients pour des bénéfices. »*

Vendeur

Le vendeur est rarement au bureau, il est chez ses clients. Ses visites sont longues et peu nombreuses. Lors de ses rencontres avec ses directeurs, il est en conflit avec eux pour obtenir des réductions de prix pour ses clients, des produits gratuits, des livraisons plus fréquentes et plus rapides. Le vendeur ne comprend pas la notion de profit pour l'entreprise.

Gestionnaire

Ce gestionnaire est uniquement préoccupé par la qualité et par ses clients au détriment de la satisfaction de son équipe et des dirigeants de l'entreprise.

Il s'agit souvent d'anciens vendeurs promus gestionnaires sans en avoir les capacités et qui veulent toujours affirmer leurs qualités de professionnel aux dépens de celles de gestionnaire qu'ils négligent.

ATTITUDES

- **Prise de décision:** En fonction de l'intérêt des clients.
- **Confiance en lui:** Faible, il se sécurise en voulant satisfaire son client et se satisfaire dans la perfection de ses réalisations.
- **En cas de conflit:** Le client a toujours raison.
- **Sens de l'effort :** Très fort, pour la qualité du produit/service offert au client.

COACHING

- Faites-lui réaliser la situation actuelle.
- Donnez-lui un premier objectif de productivité et encouragez-le à se rapprocher de l'équipe.

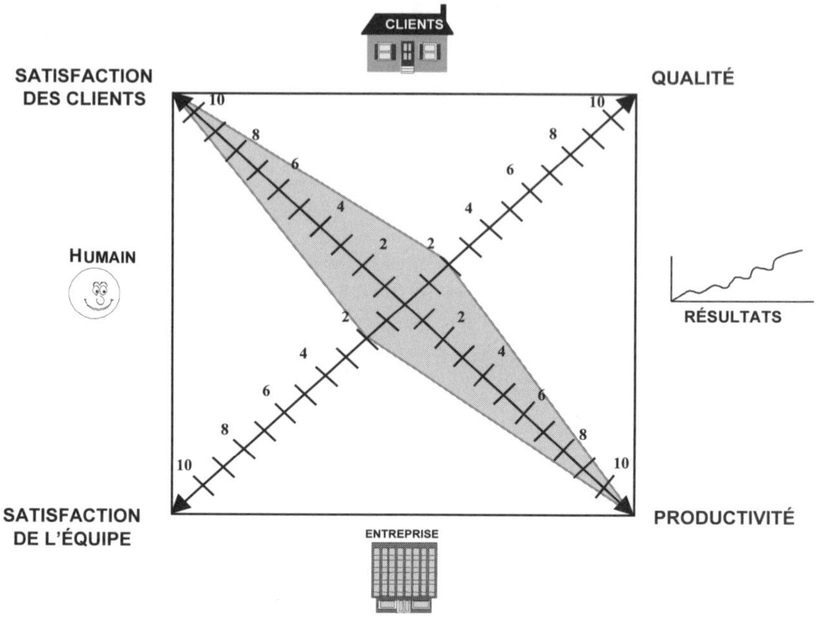

+ Employé très orienté sur la productivité et sur le service à la clientèle.

➶ Développer la qualité de son travail et les relations avec son équipe.

SITUATION

Ce cas d'employé est moins fréquent, mais il existe. L'employé a de bonnes relations avec ses clients; sa productivité est bonne mais sa qualité est moyenne, souvent par manque de compétences, et les relations avec son équipe sont faibles, peut-être parce qu'il est nouveau dans l'entreprise.

Le profil correspond donc souvent à des nouveaux, à des étudiants faisant un travail du soir pour lequel ils sont peu motivés.

- Ils ne connaissent pas encore bien le travail;
- Ils ne sont pas encore intégrés à l'équipe ou ils méprisent cette équipe (p. ex.: travail dans une équipe de prise d'appels le soir pour un étudiant) qui ne possède ni leur niveau intellectuel ni leur culture.

- Ce mépris général qu'il a pour son travail ne l'encourage pas non plus à approfondir ses connaissances du métier.

Comme l'employé fait son travail à moitié, cela lui permet parfois d'avoir une bonne productivité, et il comble son manque de connaissance du travail par une utilisation de ses capacités relationnelles vis-à-vis de son client.

Les pôles de performance

- Les clients: *«J'ai du plaisir à discuter avec les clients.»*
- La qualité: *«J'avoue un manque de compétence, on ne m'a pas formé comme il fallait.»*
- L'équipe: *«Mes relations sont moyennes, j'ai mes amis et je n'ai pas envie de m'améliorer sur ce point.»*
- Productivité: *«De la façon dont je réalise mon travail, mes performances sont assez bonnes.»* (Les performances seront bonnes mais rarement exceptionnelles en raison du manque de qualité.)

Vendeur

«J'aime bien mes clients et je respecte mes objectifs de vente, donc ma direction ne peut rien me dire.»

Par contre, le vendeur évitera de donner des informations ou des «tuyaux» à ses collègues. De la même manière, il ne vendra que ce qui lui plaît sans tenir compte des demandes de la direction à qui il ne transmet que des rapports de vente incomplets et hors délais.

Gestionnaire

Ce gestionnaire, orienté sur les résultats quantitatifs et le client mais négligeant son équipe et la qualité, est souvent issu d'une autre spécialité professionnelle et a été promu gestionnaire d'un secteur d'activité qu'il connaît peu, ce qui explique son manque d'intérêt et de connaissance du niveau de qualité et sa difficulté à s'intégrer à une équipe dont il ne connaît pas bien la culture.

Ce gestionnaire se fera rapidement détester de son équipe et sa durée de vie dépendra uniquement de la confiance que ses directeurs lui accordent. Les résultats sont bons à court terme, mais les démissions sont nombreuses.

Attitudes

- **Prise de décision:** Opportuniste, en fonction de ses intérêts personnels.
- **Confiance en lui:** Forte, du moins en apparence.
- **En cas de conflit:** Évite le conflit et méprise la partie adverse.
- **Sens de l'effort :** Faible, sauf obligation réelle de le faire.

Coaching

- Faites réaliser à l'employé sa situation.
- Formez-le pour améliorer ses qualités, essayez aussi de lui montrer la valeur de son travail pour le motiver.
- Encouragez-le à être plus positif avec ses collègues.
- Faites-lui comprendre qu'un minimum de motivation est requis pour un travail et que, sinon, il a des choix à faire.

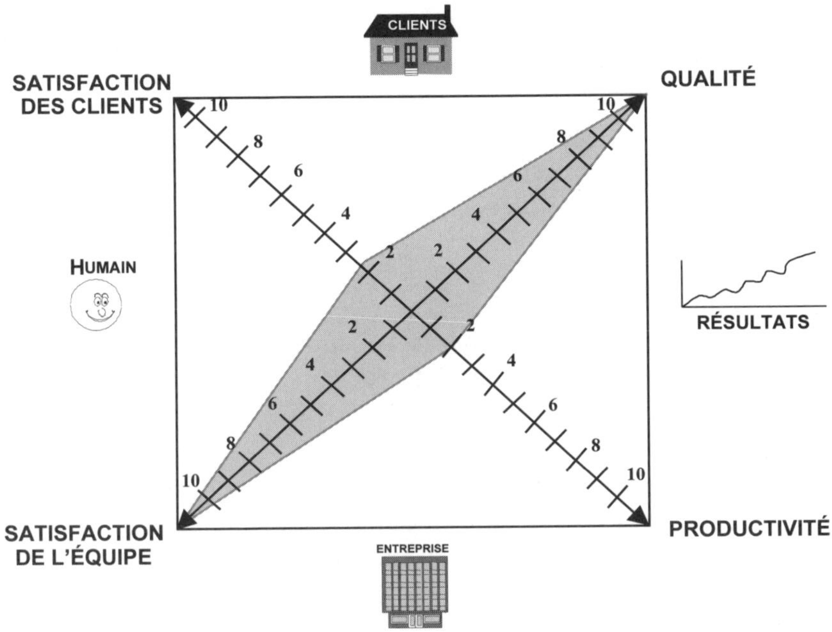

+ Employé orienté sur son **équipe** et sur la **qualité.**

➶ Potentiel de développement vers la productivité et le service à la clientèle.

Situation

L'employé est apprécié de son équipe et donne une bonne qualité de travail, mais sa productivité est faible et sa relation avec le client laisse à désirer.

Cet employé manque en fait considérablement de motivation; il se contente de faire consciencieusement son travail et d'avoir du bon temps avec son équipe; il s'est installé dans une zone de confort restreinte.

Les pôles de performance

- Les clients : *« Ils sont très exigeants, je me contente de leur livrer le produit/service tel que demandé.»*
  «Les demandes de la direction en matière de performance nous empêchent de les servir correctement. »

- La qualité: *«Je fais bien mon travail, quel que soit le temps que cela prend.»*
- L'équipe : *«C'est le côté le plus plaisant de mon travail.»*
- Productivité : *«On nous demande d'en faire toujours plus au détriment de nos conditions de travail, mes collègues pensent la même chose que moi!»*

Vendeur

Il entretient de très bonnes relations avec ses collègues, réalise des visites longues et complètes chez ses clients, mais n'entretient pas de liens de sympathie avec eux et n'atteint pas ses objectifs de vente.

Gestionnaire

Ce gestionnaire est uniquement préoccupé par la qualité et la satisfaction de son équipe; il est souvent un ancien technicien qui n'arrive pas à intégrer les notions de rentabilité et d'orientation client.

Le climat de l'équipe est bon et il est soutenu par celle-ci, mais combien de temps ses directeurs vont-ils tolérer le manque de productivité?

Attitudes

- **Prise de décision:** Hésitante, orientée vers la satisfaction de son besoin de sécurité et de tranquillité.
- **Confiance en lui:** Faible.
- **En cas de conflit:** Tente de l'éviter, se rallie à ce que pense la majorité de son équipe.
- **Sens de l'effort :** Élevé pour tout ce qui touche la qualité de son travail ou son implication dans l'équipe.

Coaching

- Faites prendre conscience à l'employé de sa situation.
- Faites-le sortir de sa zone de confort et amenez-le à revoir ses méthodes de travail pour améliorer sa productivité.
- Sensibilisez-le à l'importance du client pour l'entreprise et engagez-le à faire des gestes concrets, par exemple un sourire, face au client interne ou externe.

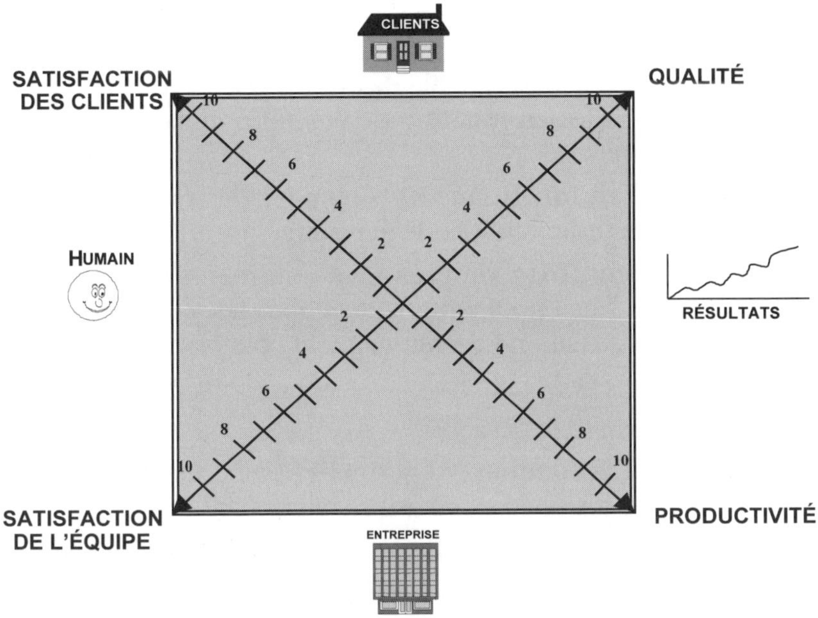

+ Employé excellent et équilibré.

➶ Le coach devra étudier comment augmenter les défis du coaché.

SITUATION

L'employé obtient d'excellents résultats partout; il faut faire attention qu'il ne veuille pas trop en faire au détriment de sa santé, ce qui serait, à long terme, préjudiciable pour lui-même comme pour l'entreprise.

Vendeur

Excellent vendeur, il faut lui trouver de nouveaux défis:

- de nouveaux produits à vendre,
- un nouveau territoire de vente à prospecter,
- un poste de direction ou de coach s'il en a les aptitudes.

Gestionnaire

Excellent gestionnaire qui doit être confronté à de nouveaux défis!

Attitudes

- **Prise de décision:** Équilibrée entre les quatre pôles de performance; il est aussi capable de donner une priorité à l'un ou à l'autre des pôles en fonction de la situation dans laquelle se trouve l'entreprise.
- **Confiance en lui:** Bonne, il écoute les désirs des différents intervenants : employés, collègues, direction, clients.
- **En cas de conflit:** Comprend les sentiments des personnes impliquées sans pour autant accepter les comportements. Utilise la négociation gagnant/gagnant pour résoudre le conflit:
  - que recherche la partie 1?
  - que recherche la partie 2?
  - quelle est la solution qui permettrait aux deux parties d'atteindre au mieux leurs objectifs respectifs?
- **Sens de l'effort :** En fonction des conditions, très grand pour lui-même et les autres, tout en sachant écouter leurs désirs.

Coaching

- Faites prendre conscience à l'employé de sa situation et félicitez-le.
- Vérifiez qu'il n'en fait pas trop.
- Trouvez-lui des objectifs plus élevés et plus motivants (il faut agrandir le schéma des performances) ou de nouvelles tâches telles que coacher ses collègues, travailler sur des projets spéciaux, gravir un échelon hiérarchique.

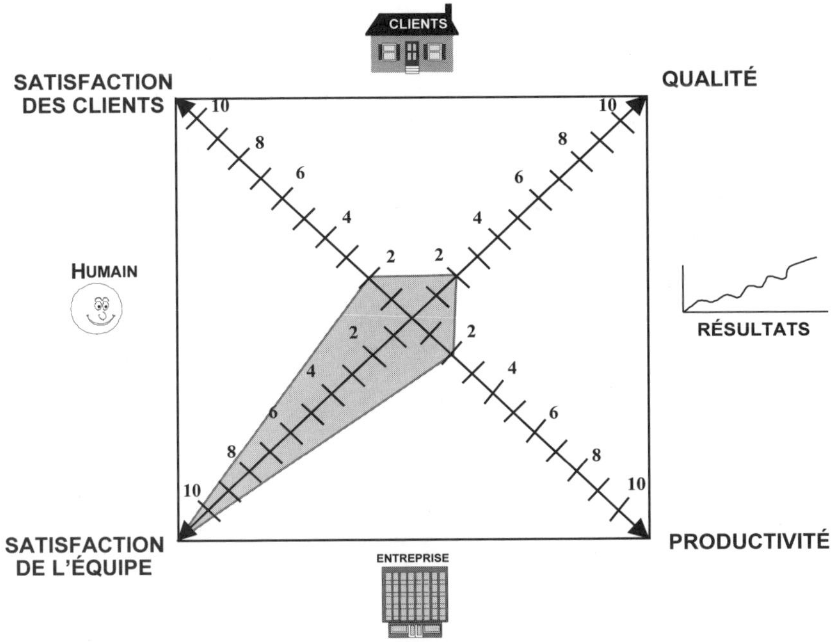

+ Employé orienté sur son **équipe.**

➶ Potentiel de développement vers le service à la clientèle, la qualité ou la productivité en fonction des priorités déterminées par le coach.

Situation

L'employé est faible partout, sauf avec l'équipe qui lui sert de refuge face à la médiocrité des autres points.

L'employé fait sans doute preuve de mauvaise volonté dans la mesure où, s'il est capable d'avoir de bonnes relations avec son équipe, il devrait aussi être capable d'en avoir avec ses clients. De plus, il ne doit pas être en burnout ou avoir des problèmes psychologiques dans la mesure où ses relations sont bonnes avec ses collègues.

Vendeur

Le vendeur est souvent au bureau avec son équipe ou d'autres employés de l'entreprise (les autres vendeurs doivent être sur la route...). Le problème est non seulement qu'il perd du temps, mais surtout qu'il en fait perdre aux autres.

Ce vendeur est à coacher aussi rapidement que possible, d'autant plus qu'il donne un mauvais service aux rares clients qu'il rencontre.

Gestionnaire

Ce gestionnaire passe son temps avec son équipe qui l'aime beaucoup. C'est souvent un professionnel promu gestionnaire sans en avoir le talent et dont la durée à son poste risque d'être courte.

ATTITUDES

- **Prise de décision :** Très faible, en fonction de ce que pense l'équipe.
- **Confiance en lui:** Très faible.
- **En cas de conflit:** Déteste et évite les conflits.
- **Sens de l'effort :** Faible sauf pour satisfaire ses collègues.

COACHING

- Faites-lui réaliser sa situation.
- Travaillez en priorité sa motivation.
- Exigez une attitude impeccable face au client.
- Proposez une formation ou du coaching pour ses compétences.
- Établissez des normes minimums de qualité et de productivité.

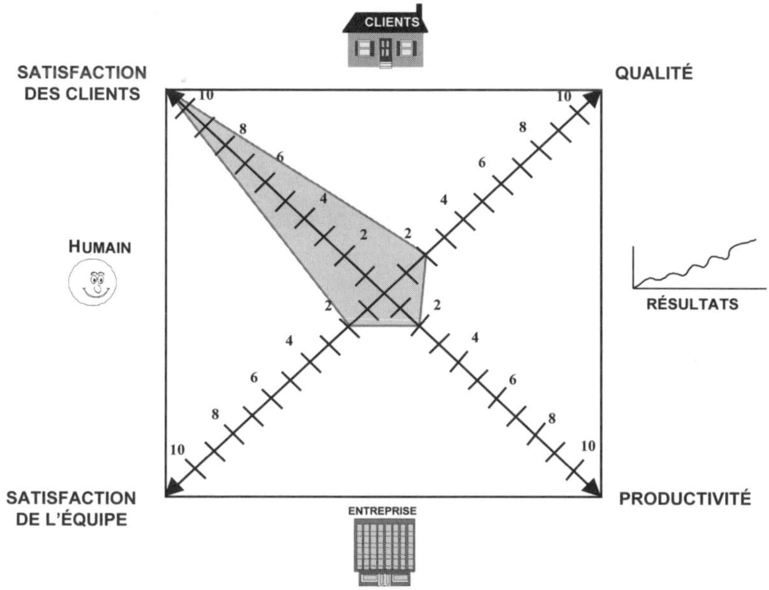

+ Employé orienté vers le service à la clientèle.

Potentiel de développement vers la qualité, la productivité ou le travail en équipe selon les priorités du coach.

SITUATION

L'employé est faible partout, sauf dans sa relation avec le client, une façon pour lui de se sécuriser.

Il peut s'agir d'un nouvel employé qui ne possède pas encore les compétences nécessaires et qui n'a pas encore bien intégré son équipe.

Cela peut aussi être un employé en fin de carrière, démotivé par le changement, et qui trouve sa seule motivation dans la relation qu'il entretient avec ses clients. Ses anciennes habitudes ne lui permettent plus de satisfaire aux normes qualitatives et quantitatives, la nouvelle équipe ne lui ressemble plus; il est alors amer: *«Je n'ai pas été recruté pour ces nouvelles manières de faire. Actuellement, tout est axé sur la productivité. Ce n'est pas maintenant que je vais utiliser les nouvelles méthodes. Ce que j'aime, c'est de servir mon client de mon mieux.»*

Vendeur

Ce vendeur passe beaucoup de temps avec ses clients qu'il apprécie beaucoup. Quand il revient au bureau, c'est pour dire:

- *«J'ai donné un rabais à un client parce que... »*
- *«Nos clients ont raison de se plaindre... »*
- *«Nos clients vont partir si...»*

En fait, le vendeur prend toujours le parti de son client aux dépens de son entreprise dans laquelle il ne se reconnaît pas pour plusieurs raisons:

- manque de connaissance des produits ou services;
- manque d'appartenance;
- manque de motivation.

Ce vendeur cache par contre ses faiblesses: pas de qualité de vente, uniquement du relationnel avec ses clients; pas d'efficacité à cause du temps qu'il passe à chaque visite; pas de travail d'équipe.

Il y a de bonnes chances qu'il quitte l'entreprise pour aller travailler chez un client à qui il refera sans doute la même chose un peu plus tard.

Gestionnaire

Ce gestionnaire, uniquement orienté vers ses clients, néglige tout le reste. Souvent issu du service à la clientèle, il ne possède pas les qualités de gestion nécessaires à son poste.

Attitudes

- **Prise de décision:** Hésitante, en fonction des attentes des clients.
- **Confiance en lui:** Faible.
- **En cas de conflit:** Déteste le conflit, essaie de l'éviter, donne toujours raison à son client.
- **Sens de l'effort :** Faible sauf pour faire plaisir à son client.

Coaching

- Faites-lui prendre conscience de la situation.
- Si l'employé est nouveau, veillez à ce qu'il obtienne les compétences nécessaires, ce qui ne l'empêche pas de s'intégrer parallèlement dans l'équipe. Si la situation perdure, on peut se poser la question de son maintien dans l'équipe.
- Si l'employé a de l'expérience, essayez de lui redonner la motivation et la confiance nécessaires, ce qui lui permettrait sans doute d'améliorer assez facilement sa qualité et peut-être même sa productivité. Ce genre d'employé est cependant très difficile à coacher et vous répondra sans doute: *«À mon âge, j'en ai vu d'autres, ce n'est pas maintenant que je vais changer. Je serai bientôt à la retraite.»*

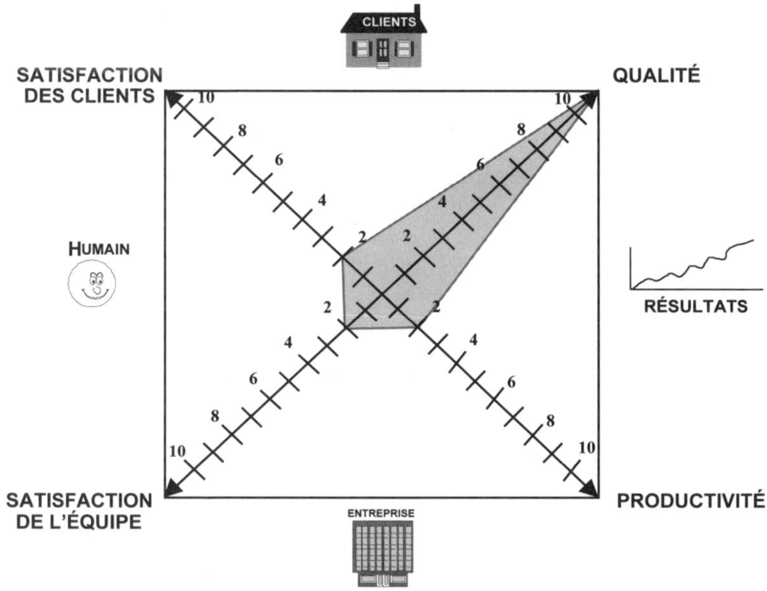

+ Employé orienté vers la **qualité.**

Potentiel de développement vers le service à la clientèle, la productivité ou le travail en équipe selon les priorités du coach.

SITUATION

L'employé est faible sur tous les points, sauf la qualité dans laquelle il excelle. C'est un perfectionniste, ce qui l'amène à négliger l'aspect quantitatif au profit du qualitatif. Ces employés ont souvent des problèmes psychologiques qui les amènent à se couper des autres; ils sont dans leur « bulle », soit à cause de difficultés à communiquer, soit à cause d'un manque d'intérêt dans les personnes qui les entourent. Leur seule satisfaction réside dans la conscience de bien faire quelque chose dans l'instant; c'est ce qui les satisfait et les valorise.

Il s'agit parfois d'individus qui, ayant connu de gros échecs personnels, sont un peu amers et dépités du monde qui les entoure, ont parfois un doute sur leurs qualités, parfois un manque de confiance en eux-mêmes. Ils se réalisent alors dans l'accomplissement d'une «œuvre d'art», ce qui leur permet d'avoir raison sur tout le monde.

Ce type de comportement est représenté par l'artiste qui se coupe de la société pour créer une œuvre d'art pour lui-même, sans contrainte de temps ni stress extérieur.

Certains cas extrêmes (p. ex. : la sculptrice Camille Claudel*, compagne de Rodin) détruisent leur œuvre à peine terminée car ils n'en sont jamais entièrement satisfaits.

De manière plus fréquente, on trouve dans l'entreprise des employés ou des directeurs tellement obsédés par la qualité qu'ils mettent toujours des préalables avant de commencer un projet, lequel est toujours reporté. Ils veulent tellement «bien faire le projet» qu'ils ne le font jamais. Ici encore, cette volonté de perfection cache souvent un grand manque de confiance et une profonde inquiétude.

Nous insistons particulièrement sur ce type d'employés, car ils sont fréquents dans les entreprises et très difficiles à coacher. Voici quelques-unes de leurs caractéristiques.

- Intelligents, ils réalisent une qualité de travail au-dessus de la moyenne et s'estiment donc largement supérieurs aux autres qui « bâclent » leur travail et ne travaillent pas de manière sérieuse.
- Possédant un fort ego, ils n'acceptent pas la critique surtout si elle vient des autres qui, à leur point de vue, ne font déjà pas leur travail correctement.
- Généralement sensibles (ce qui leur permet d'atteindre ce niveau de qualité), parfois introvertis, la moindre remarque les blesse. Ils vont souvent garder leurs sentiments pour eux-mêmes ou se refermer dans leur « coquille » pour ressortir le problème plus tard ou, au contraire, l'enfouir encore plus profond à l'intérieur d'eux-mêmes. L'« expulsion » des réactions que pratiquent les extravertis à titre thérapeutique ne se produit pas ou alors beaucoup plus tard.
- Ils contrôlent souvent bien leurs émotions et vont souvent montrer une apparente nonchalance, surtout quand ils sont en conflit intérieur. Ainsi, de leur part, des attitudes telles que siffloter et émettre des plaisanteries ou encore montrer un sourire de circonstance de surface sont une volonté de paraître sereins et de cacher un trouble intérieur.

  C'est aussi une manière qu'ils utilisent pour montrer aux autres qu'ils sont en contrôle de la situation alors que les autres ne le sont pas et ainsi montrer leur supériorité.

  C'est juste en fait qu'ils ont « bloqué » la soupape de sécurité que les autres mettent en œuvre plus tôt. Mais à bloquer ces sentiments apparents, attention aux dégâts intérieurs ou à l'explosion quand elle a lieu.
- Leur intelligence associée à leur volonté de faire mieux que les autres et leur ego les conduisent à concevoir des solutions sou-

* Camille Claudel ne s'est pas volontairement retirée du monde, elle a été placée de force en asile psychiatrique par sa propre famille.

vent originales, souvent très créatrices, mais aussi très complexes, souvent sans lien avec la réalité. Ils vont alors engendrer des «usines à gaz» extraordinaires dans leur concept mais:

– coûteuses
– longues à réaliser
– trop complexes pour ceux qui doivent les exécuter.

La non-réalisation de ces projets va les conduire à augmenter leur frustration et à:

- critiquer l'entreprise *«qui n'est pas capable de suivre la brillance de leurs projets »*;
- rejeter la faute sur la direction qui *«ne leur donne pas les moyens et qui est trop près de ses sous»*;
- mépriser les gens avec qui ils travaillent car ils manquent de capacités.

Le perfectionniste ne voit que les défauts, donnez-lui:

- un film à voir
- un livre à lire
- une formation à suivre
- du repos à goûter
- un fournisseur à évaluer
- un produit ou service à évaluer

et il vous reviendra avec «le défaut» parfois réel, souvent imaginaire, qu'il aura vu en disant *«qu'il est inacceptable que l'on puisse laisser passer cela»* sans mentionner la moindre qualité à la suite de son évaluation.

Le vrai problème est peut-être que ces personnes ont un problème de perception de la réalité qui les entoure. Leur sensibilité, leur intelligence alliée à leur ego et parfois un certain sentiment de paranoïa leur font se focaliser sur des détails qui représentent ce qu'elles veulent voir et non parfois ce qui est, encore moins l'image globale.

Inutile de dire que cela est frustrant pour les personnes qui les entourent; ils engendrent souvent énervement et démotivation autour d'eux.

Ces perfectionnistes ont souvent très peur des profils de dirigeants orientés sur la productivité et extravertis qui ont généralement plus de résultats qu'eux car mieux adaptés à leur environnement. Il y a alors deux possibilités: ils les admirent ou, au contraire, ils les haïssent.

À titre de test, il serait intéressant de savoir, parmi ceux qui croient se reconnaître dans ce profil, si vous trouvez des erreurs à cette description (tant dans le fond que dans la forme...).

Alors si c'est le cas, c'est que vous faites bien partie de ce profil!

Vendeur

Le vendeur est un excellent technicien du produit ou service vendu. Il connaît aussi parfaitement les étapes de la vente qu'il applique le plus strictement possible, mais il lui manque la relation avec le client, l'efficacité et le travail en équipe. Quand une vente ne fonctionne pas, c'est parce que le client n'a rien compris. Il ne se remet pas en question lui-même, puisque c'est un « spécialiste».

Gestionnaire

Ce genre de gestionnaire pointilleux est une plaie pour ceux qui l'entourent : ses clients, ses employés, ses directeurs.

Il déplaît à trop de monde pour garder longtemps ses fonctions et on lui proposera peut-être un poste de contrôle de la qualité.

Attitudes

- **Prise de décision:** Sans hésitation et sans compromis pour tout ce qui touche à la qualité des tâches ou des comportements.
- **Confiance en lui:** Faible, le perfectionnisme est une manière de se sécuriser et de se donner raison tant pour lui-même que vis-à-vis de son entourage.
- **En cas de conflit :** N'aime pas le conflit mais l'accepte si l'interlocuteur critique la qualité de son travail. Son perfectionnisme et, donc, la critique de la qualité du travail ou du comportement des autres le mettent néanmoins régulièrement dans des situations de conflit.
- **Sens de l'effort :** Extrême quand il s'agit de travailler sur la qualité de son travail; dans des cas extrêmes, cela peut même l'amener à un certain masochisme.

Coaching

- Essayez de faire réaliser à l'employé le profil dans lequel il semble se reconnaître.
- Faites-lui comprendre que la qualité est importante, mais qu'il y a aussi trois autres points.
- Étudiez les processus et modes de travail pour améliorer l'efficacité.
- Évaluez avec lui la possibilité de diminuer un peu le niveau de qualité pour améliorer l'efficacité.
- Essayez de lui donner confiance et de le faire s'ouvrir sur les individus qui l'entourent.
- Si sa fonction l'amène en première ligne avec des clients externes, revoyez son poste s'il ne s'améliore pas rapidement dans ses relations avec la clientèle.

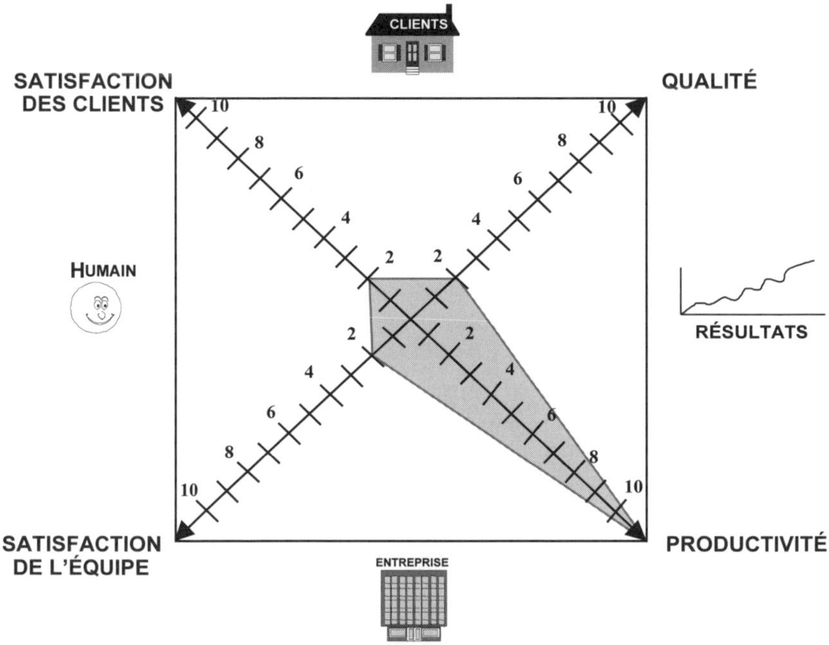

+ Employé orienté vers la **productivité.**

➶ Potentiel de développement vers la qualité, la productivité ou le travail en équipe selon les priorités du coach.

Situation

L'employé est faible sur tous les points, sauf la productivité.

Cet employé a généralement des problèmes de communication avec les individus qui l'entourent et cherche à se sécuriser en se donnant l'impression qu'il réalise beaucoup de tâches. Il termine souvent sa journée en disant : *«Aujourd'hui, j'ai fait beaucoup de choses, j'ai bien avancé.»*

Le problème, c'est que le travail est généralement brouillon et manque de qualité (ce qui lui permet d'aller vite) et qu'en le faisant, il s'oppose régulièrement aux gens de son équipe, à ses supérieurs et à ses clients internes ou externes.

Ce type d'employé peut correspondre à un employé hyperactif dans la phase précédant le burnout: il est irritable, se démène mais n'arrive plus à atteindre le niveau de qualité requis.

Vendeur

Le vendeur obtient de très bons résultats:

- Bons chiffres de vente
- Nombre élevé de visites

mais vous procure des problèmes qui vous coûtent plus cher que ce qu'il vous fait gagner:

- plaintes de clients insatisfaits,
- retours de marchandises,
- mauvaise image de l'entreprise,

sans compter les mauvais rapports qu'il entretient avec le reste de l'équipe et le mauvais climat qu'il peut créer dans l'entreprise auprès du service à la clientèle, de la production, de la direction, etc.

Gestionnaire

Ce gestionnaire, uniquement préoccupé par les chiffres de productivité et sans doute totalitaire dans sa gestion, ne restera à sa place que si ses directeurs ne regardent que les résultats quantitatifs à court terme.

Attitudes

- **Prise de décision:** Très forte, il décide sur tout ce qui peut affecter ses résultats.
- **Confiance en lui:** Très forte.
- **En cas de conflit:** Aime le conflit et l'utilise pour écraser les autres en comparant ses résultats quantitatifs avec ceux de ses collègues.
- **Sens de l'effort :** Très élevé.

Coaching

- Faites-lui prendre conscience de la situation.
- Demandez un niveau minimum de qualité et de relation avec les confrères et clients.
- Si l'employé est en phase précédant le burnout, diminuez ses objectifs quantitatifs et proposez-lui de consulter les services d'aide de l'entreprise. Il vous en sera reconnaissant par la suite.

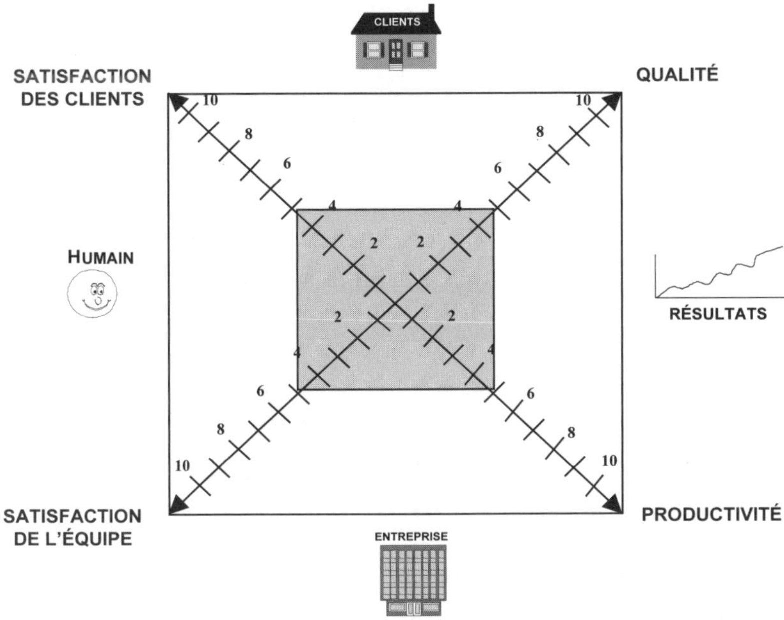

> + Employé **équilibré** et assez bon partout.
>
> ➶ Déterminer avec lui une priorité de perfectionnement.

Situation

L'employé est très équilibré et assez bon partout bien que parfait nulle part. Sans doute manque-t-il un peu de motivation pour bien « performer ». Le potentiel est donc grand.

L'objectif de cet employé est souvent de rester dans la moyenne, de faire ce qu'il faut ou même légèrement plus que ce qu'il faut mais sans plus; il ne veut pas se tuer au travail et possède d'autres centres d'intérêt dans sa vie privée. Il n'aspire pas à un poste de président de la compagnie, il accomplit son travail sans se faire remarquer. Ses motivations sont le « confort » et la « commodité », ses prises de décision lui font choisir des solutions privilégiant la sécurité. S'il doit procéder à des achats, il passera par des fournisseurs connus. Il termine son travail un peu plus tard que l'heure prévue mais n'emporte pas de travail chez lui.

Vendeur

Bon vendeur, équilibré.

Gestionnaire

Bon gestionnaire, il doit lui aussi trouver une priorité de développement.

ATTITUDES

- **Prise de décision:** Moyenne, en fonction de la situation.
- **Confiance en lui:** Assez bonne.
- **En cas de conflit:** Préfère l'éviter, choisira une position médiane acceptable par la majorité des parties concernées.
- **Sens de l'effort :** Moyen, il pense aussi à sa vie personnelle et désire équilibrer ses efforts entre ses différentes priorités.

COACHING

- Faites-lui réaliser la situation.
- Essayez de comprendre les ressorts de sa motivation.
- Choisissez avec lui le secteur où il aimerait exceller, commencez si possible par la qualité puis la productivité (en fonction du poste qu'il occupe).

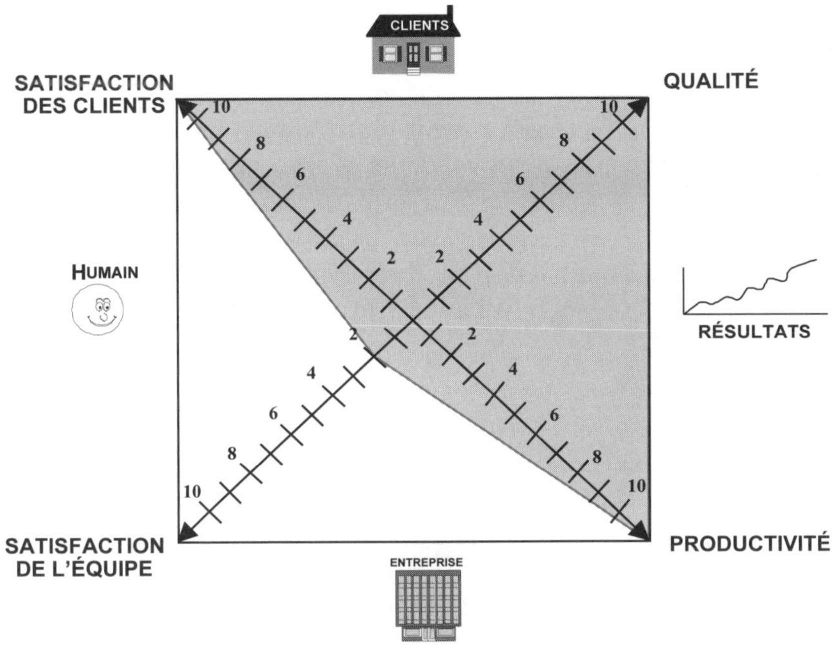

+ **Bon** employé.

➶ Développer son orientation **équipe.**

SITUATION

L'employé est bon partout, sauf dans les relations avec son équipe et ses employés.

Les causes sont multiples:

- problème avec certains individus;
- conviction que le facteur humain n'est pas important, que les résultats et la satisfaction du client sont prioritaires.

Une direction possédant ce profil a une équipe ayant les caractéristiques suivantes:

- la formation est faible;
- le taux de rotation dû aux départs des employés est important;
- la motivation est faible.

Vendeur

Très bon vendeur qui délaisse l'équipe; faites-le participer aux réunions de vente ou à des sessions de consolidation d'équipe. Proposez-lui la place de coach d'un vendeur plus faible et reliez sa prime aux ventes réalisées par les deux vendeurs (s'il accepte !).

Gestionnaire

Bon gestionnaire mais il doit motiver son équipe, organiser plus de réunions, de rencontres informelles (repas, sorties) et formelles telles que le coaching.

Attitudes

- **Prise de décision:** Très forte, ne tient pas compte de l'opinion de son équipe.
- **Confiance en lui:** Très forte.
- **En cas de conflit:** Il affronte son équipe s'il le faut.
- **Sens de l'effort :** Très élevé.

Coaching

- Faites réaliser à l'employé la situation.
- Montrez-lui l'importance des ressources humaines pour:
  - sa propre satisfaction;
  - le développement à long terme de l'entreprise;
  - la gestion de la relève.
- Demandez-lui de faire des gestes concrets tels que:
  - offrir des félicitations pour un point amélioré;
  - rencontrer les employés de l'équipe individuellement au moins une fois par mois;
  - faire participer les employés de l'équipe à certaines prises de décision.

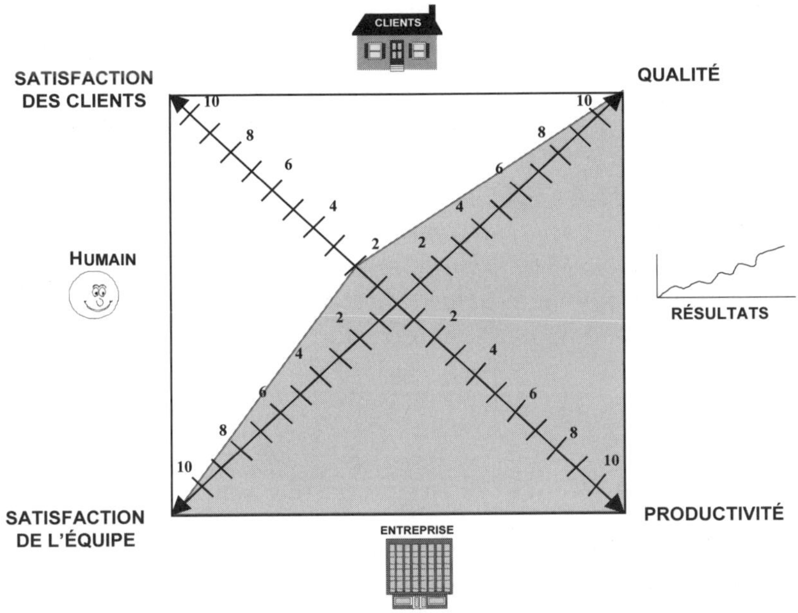

+ **Bon** employé.

➶ Développer son souci du **service à la clientèle.**

SITUATION

L'employé est bon dans tous les domaines, sauf le service à la clientèle.

Pour lui, le client est trop exigeant.

«C'est nous qui sommes les spécialistes de la profession, nos produits sont les meilleurs et nos clients doivent les acheter tels quels. Les clients qui n'achètent pas nos produits sont dans l'erreur et ils devraient s'en rendre compte.»

«Nous ne faisons pas de réduction aux clients; si nous vendons, c'est pour faire des bénéfices. »

L'employé est dangereux pour l'entreprise dans la mesure où son travail est bon, ses résultats sont excellents ainsi que ses rapports avec son équipe, et que les seuls échos qui reviennent à la direction sont les plaintes des clients.

Sans un bon système de mesure, un employé tel que celui-ci peut travailler longtemps dans l'entreprise sans que sa faiblesse soit détectée.

Vendeur

Bon vendeur, mais qui néglige la relation avec ses clients.

Gestionnaire

Bon gestionnaire, mais il devrait se donner pour objectif de visiter quatre ou cinq clients par semaine, dont certains qui émettent des plaintes.

Attitude

- **Prise de décision:** Forte, mais consulte son équipe.
- **Confiance en lui:** Forte.
- **En cas de conflit:** Affronte le conflit mais avec le désir d'arriver à une entente.
- **Sens de l'effort :** Élevé.

Coaching

- Faites-lui se rendre compte de sa situation.
- Félicitez-le pour tous ses points forts.
- Demandez-lui de faire des gestes concrets concernant l'approche clientèle:
  - changement de la perception du client;
  - sourire;
  - écoute du client;
  - reformulation des besoins du client.

Demandez-lui d'être plus à l'écoute de ses clients, de manifester plus d'empathie. Enregistrez (si cela est possible) ses ventes et faites-les-lui réécouter. Travaillez aussi sur la réponse aux objections et aux réclamations de ses clients.

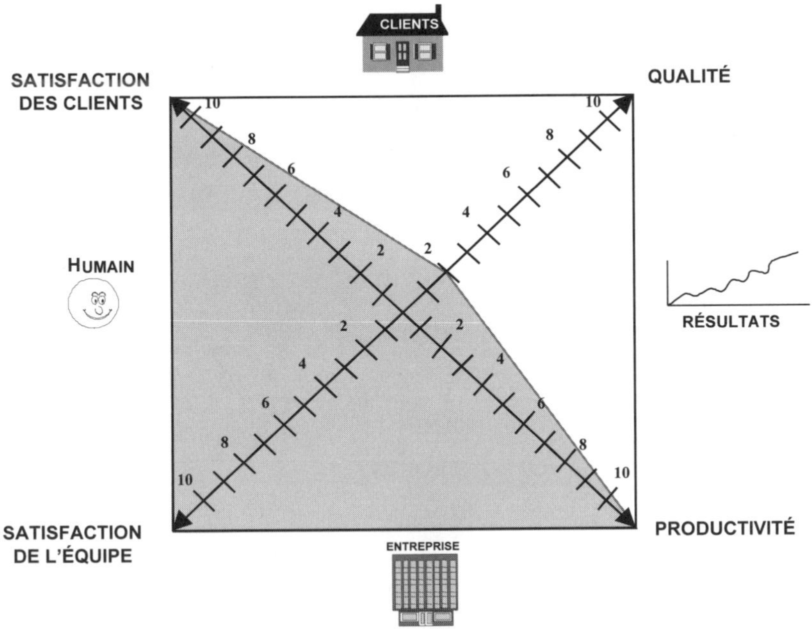

+ **Bon** employé.

➶ Développer son souci de la **qualité.**

SITUATION

L'employé est bon partout, sauf en qualité.

Cet employé ne s'en rend peut-être pas compte et veut bien faire, mais il est un peu brouillon; il privilégie la quantité à la qualité.

Vendeur

Bon vendeur mais il néglige la qualité de ses ventes. Revoyez avec lui:

- le temps moyen idéal par vente;
- les techniques de vente;
- la connaissance des produits et services de l'entreprise.

Gestionnaire

Bon gestionnaire, mais il devrait soit se préoccuper de la qualité, soit se doter d'un responsable de la qualité.

Attitudes

- **Prise de décision:** Moyenne.
- **Confiance en lui:** Assez bonne.
- **En cas de conflit:** Il essaie de diminuer la qualité pour satisfaire tout le monde; comme le dit l'expression populaire: «il coupe les coins ronds.»
- **Sens de l'effort :** Assez bon mais ne porte pas d'attention aux détails au travail.

Coaching

- Faites-lui se rendre compte de la situation.
- Félicitez-le pour les bons points.
- Revoyez avec lui les normes de qualité et les processus pour y arriver.
- Proposez-lui de baisser momentanément la productivité pour améliorer la qualité.
- Une fois la qualité suffisante atteinte, remontez la productivité pour qu'elle revienne à son niveau initial avec la qualité en plus.

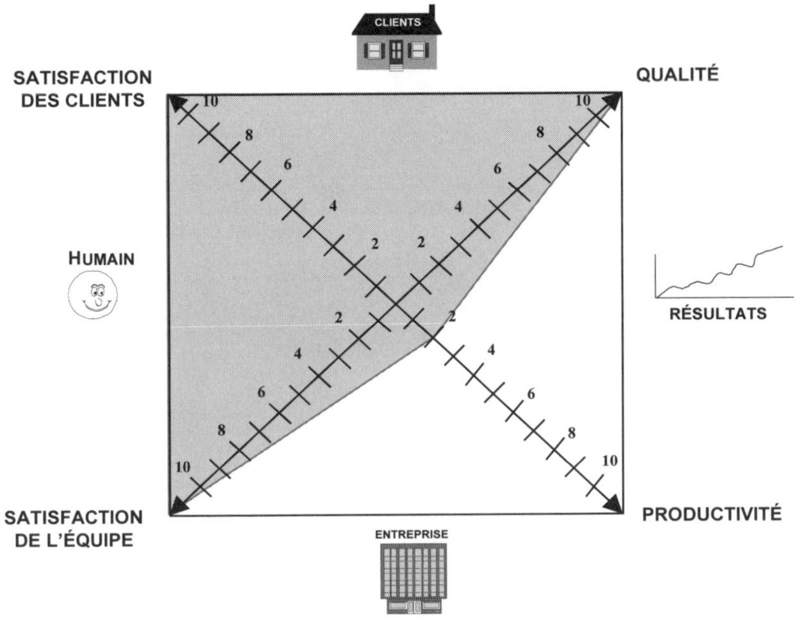

+ **Bon** employé.

➶ Développer son souci de la **productivité.**

SITUATION

L'employé est bon partout, mais sa productivité est trop faible.

Les causes du manque de productivité peuvent être de trois ordres:

- il ne veut pas trop en faire;
- il est mal organisé (cas le plus fréquent);
- il privilégie la qualité à la quantité.

«Je ne veux pas sacrifier la qualité à la productivité. On ne peut pas nous demander de faire plus sans baisser la qualité.»

Vendeur

Bon vendeur, mais il néglige la productivité.

Gestionnaire

Bon gestionnaire, mais il doit améliorer son pôle productivité s'il veut garder son poste.

ATTITUDES

- **Prise de décision:** Moyenne.
- **Confiance en lui:** Assez bonne.
- **En cas de conflit:** Il tente d'éviter le conflit en diminuant la productivité pour satisfaire tout le monde.
- **Sens de l'effort :** Moyen.

COACHING

- Faites-lui réaliser la situation.
- Montrez-lui l'importance de la productivité pour l'entreprise et pour son salaire.
- Étudiez avec lui son processus de travail.
- Fixez-vous avec lui des objectifs quantitatifs plus élevés en allant étape par étape.
- Félicitez-le quand ces résultats sont atteints.
- Demandez-lui :
  - d'augmenter le nombre de ses visites:
    a) en révisant son emploi du temps,
    b) en diminuant éventuellement la durée moyenne de ses ventes.
  - de vendre d'autres produits de la gamme, c'est-à-dire de rentabiliser les visites qu'il fait en vendant des produits complémentaires.
  - de se former aux techniques de négociation pour mieux résister aux clients difficiles et augmenter les bénéfices sur les ventes réalisées.

Les zones de performance des vendeurs

Qualité
- Temps trop court par visite
- Nombre de produits vendus par visite
- Nombre de produits en retour
- Ventes/visite

Satisfaction des clients
- Qualité de la relation
- Satisfaction clientèle (sondage)
- Nombre de plaintes

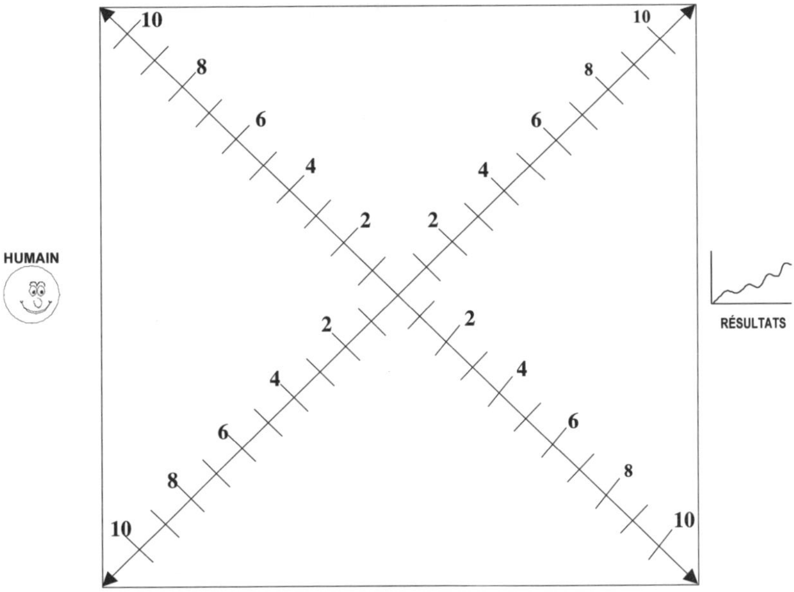

Satisfaction de l'équipe
- Qualité sur la relation avec les collègues
- Nombre de références données à l'équipe

ENTREPRISE

Quantité
- Temps trop long par visite
- Nombre de visites/jour
- Ventes/produit
- Marge sur les ventes réalisées

Performances d'un vendeur et comment les améliorer

	Causes	Solutions
Satisfaction client • qualité satisfaction clientèle • nombre de plaintes	• écoute • empathie • adaptation à l'interlocuteur	• formation • coaching • enregistrement vidéo et observation
Satisfaction équipe • qualité de la relation avec les collègues	• caractère • éloignement des vendeurs	• sessions de consolidation d'équipe • coaching • réunions de vente
• nombre de références	• concurrence entre vendeurs	• système de commissionnement ou de primes
Qualité • temps trop court par visite	• territoire trop grand • manque de découverte des besoins du client • peur des objections • routine du vendeur	• redécoupage du territoire • formation aux techniques de vente • commission plus importante sur les produits qui ne sont pas vendus
• toujours les mêmes produits vendus par le vendeur	• manque de connaissance technique des autres produits ou il n'y croit pas	• formation technique sur les produits et aux objections concernant ces produits
• nombre important de produits retournés	• manque de découverte de la part du vendeur • technique de «closing» agressive	• formation aux techniques de vente • coaching

• faibles ventes par visite	• manque de connaissances techniques • manque de connaissances en techniques de vente • mauvaise sélection des clients	• formation technique • formation vente • révision de l'analyse du porte-feuille du vendeur
Productivité		
• temps trop long par visite	• Le vendeur ne sait pas communiquer sans couper son client. • Le vendeur ne sait pas fermer sa vente.	• formation aux techniques de communication • formation aux techniques de vente
• nombre de visites par jour trop faible	• Le vendeur ne sait pas gérer son temps et l'organisation de ses tournées. • Le vendeur n'est pas motivé.	• formation à la gestion de son territoire de vente • coaching
• temps trop long pour écrire une proposition	• Le vendeur ne sait pas comment rédiger une soumission courte et efficace.	• formation à la rédaction de soumission
• taux de succès de ses soumissions: faible	• Le vendeur expédie ses soumissions au lieu de les porter en mains propres.	• formation aux techniques de vente
• taux de réussite par visite: faible	• Le temps est trop court. • Le vendeur ne sait pas fermer ses ventes.	
• marge faible sur les ventes réalisées	• Le vendeur baisse ses prix pour vendre.	• formation aux techniques de négociation

Comment améliorer les performances d'un vendeur
(par ordre séquentiel)

Vendeur:________________ **Coach:**________________ **Date:**________________

Points d'observation	+	↗	Plan d'action
Connaissances : • produits • entreprise • marché			**Connaissances à améliorer** • • •
Analyse et détermination des priorités • ***clientèle :*** 20/80. Fort potentiel – Clients moyens – Clients à abandonner – Clients à récupérer – % par client • ***prospects :*** cibles prioritaires : % par cible			**Clientèle à développer** • • • **Cibles prospects à développer** • •
Fichier de suivi • suivi des clients par dates de rappel • suivi des prospects			**Fichiers à réaliser** • • •
Gestion du temps • concentration des tâches • organisation des tournées • nombre de visites/mois • plages de temps libre • temps par visite • répartition des visites clients et prospects en %			**Modifications à la gestion du temps** • • **Nombre de visites à réaliser** • **Temps par visite** •

Préparation visite • préparation matérielle (fiches clients, fiches produits) • préparation psychologique (enthousiasme, etc.)			**Préparation** • •
Visite • prise de contact • découverte des primes • reformulation • argumentation avec avantages • réponse aux objections • conclusion			**Techniques de vente à améliorer** • **Produits à pousser** • **Moyens de promotion à utiliser** • •
Suivi • intégration des notes dans le fichier et suivi des clients			**Réorganisation du suivi** •
Soumission • qualité des soumissions			**Points de la soumission à améliorer** •

Points forts	Points à améliorer	Moyens
1. ______________	1. ______________	1. ______________
2. ______________	2. ______________	2. ______________
3. ______________	3. ______________	3. ______________

Comment améliorer les performances d’un vendeur (selon l’organisation du *mix marketing*)

Vendeur:_______________**Coach:**______________ **Date:**_____________

Points d’observation	+	➚	Plan d’action
Connaissances: • produits • entreprise • marché			
Cibles • clients – à pousser – moyens – 20/80 – à éliminer – fort potentiel – à récupérer • prospects: 1. ____________________ 2. ____________________ 3. ____________________			
Organisation • nombre de visites • fichier ➚➘ • temps par visite • secteur à couvrir			
Produits • à pousser: – – • à diminuer: – –			
Prix à augmenter: • • à diminuer: • •			

Techniques de vente à améliorer • • •			
Techniques de négociation • •			
Techniques de rédaction de l'offre (soumissions)			
Pub promotion à utiliser • •			
Autres • •			

Comment améliorer les performances d'une équipe de vente
(selon l'organisation du *mix marketing*)

	Cible			Organisation		Produits	Prix	Vente			Publicité/ Promotion	Autres
Vendeur	Connaissance s	Clients à pousser	Cibles prospects à développer	Nombre de visites ↗↘	Temps par visite ↗↘	Produits à pousser	Prix ↗↘	Techniques de vente à améliorer	Techniques de négociation à améliorer	Rédaction des soumissions	Moyens de promotion à utiliser	

Exercice

En utilisant, selon votre préférence:

– la **grille d'amélioration des performances de votre vendeur** (basée sur un ordre séquentiel)

ou

– la **grille d'amélioration des performances de votre équipe** (basée sur le *mix marketing*),

veuillez noter les points que vous pensez modifier pour améliorer les performances de votre équipe de vente.

Appréciation de la performance

Les connaissances de base

Les blocages des supérieurs hiérarchiques face à l'entretien d'appréciation du rendement

Bien que l'entretien d'appréciation soit un excellent outil permettant de faire rejoindre les attentes de l'entreprise avec celles de l'employé, il entraîne souvent des blocages de la part d'un directeur chargé de le mettre en place.

- Il se sent parfois peu à l'aise de réaliser ce genre d'entretien qu'il n'a jamais fait avant;
- Il a peur que cela se traduise par des critiques vis-à-vis de ses employés;
- Il ne veut pas obliger ses employés à changer leurs manières de faire ou, pire, leur comportement;
- Il ne se sent pas capable d'évaluer le travail de ses employés qu'il ne connaît pas lui-même;
- Il n'a pas le temps;
- Il a peur de déplaire.

Pourtant, le directeur doit savoir que l'objectif de cet entretien doit être essentiellement positif, qu'il constitue une excellente occasion de discuter en profondeur avec son employé et, surtout, de **l'écouter...**

Les erreurs à éviter

- **L'indulgence :** la direction donne une bonne note à tout le monde pour éviter d'avoir à s'expliquer avec l'employé.
- **La tendance de la moyenne :** le directeur qui ne sait pas très bien quelle note attribuer donne une note moyenne à tout le monde.

  Causes : l'entreprise n'a sans doute pas de critères d'évaluation quantitatifs ou, s'il y en a, la mesure des résultats n'a pas été réalisée.

  Solution : la mise en place de critères d'évaluation objective et un système de notation en fonction du dépassement (ou de la non-atteinte) des objectifs.
- **L'effet de halo :** l'employé est très bon ou très mauvais sur un point et le directeur a tendance à généraliser pour tous les points.

- **L'effet de prisme :** comme quand on met un bâton dans l'eau, on a l'impression qu'il est cassé à cause de la différence de prisme entre l'air et l'eau. Ceci est également vrai pour l'entreprise en fonction des différences d'expérience que le gestionnaire et son employé possèdent d'une même tâche.
- **La discrimination** envers certaines catégories d'employés. *« Tu es mauvais... »*
- **Le fait de mélanger les traits de personnalité avec les résultats.**
- **L'imprécision :** *« Je crois que... », « Je pense que... »*
- **L'influence** par :
  - la personnalité de la personne, son leadership par exemple;
  - ses compétences techniques;
  - son poste ou son titre.

LES QUALITÉS D'UN BON ENTRETIEN D'APPRÉCIATION DE LA PERFORMANCE

Objectif: basé sur des chiffres comparables avec d'autres employés;

p. ex.: *« Les chiffres sont de... »*

Précis: basé sur des faits et non sur des estimations générales.

p. ex.: *« J'ai observé que... »*
« Tel jour tu as dit cela... »
« J'ai obtenu trois commentaires de tes collègues cette semaine sur... »

Centré sur les actions et non sur la personnalité

Évitez de confondre les faits avec la personnalité de votre employé.
Évitez les commentaires du style *« Tu es un mauvais employé parce que... »*.
Préférez plutôt dans ce cas: *« Ce que tu as fait tel jour n'était pas conforme aux attentes de l'entreprise. »*

Positif: c'est la qualité essentielle d'une évaluation que d'être capable de transformer tous les points négatifs en points positifs; nous allons donc plutôt parler d'opportunité de développement.

Ce sont souvent les jeunes cadres qui évaluent négativement leurs employés en fonction de ce qu'ils croient être la norme (leur norme) à atteindre. Au contraire, un gestionnaire de qualité et d'expérience appréciera mieux l'originalité d'une démarche ou les opportunités de développement.

Ainsi, si vous recevez un jour un CVécrit sur un napperon de table, allez-vous plutôt le jeter à la poubelle et rappeler le candidat à l'ordre et à la norme? Ou allez-vous le féliciter pour l'originalité de sa démarche tout en lui rappelant les attentes de l'entreprise?

Pour l'appréciation du rendement, c'est la même philosophie: regardez d'abord les forces dans les performances de l'employé; c'est là que résident ses forces que vous pourrez développer par la suite grâce au coaching ou qu'il pourra développer lui-même grâce à son plan d'action.

À éviter	À utiliser Style positif et directif	À préconiser Style positif et participatif (meilleur)
☹ C'est un point faible.	• C'est une opportunité d'amélioration.	☺ Comment peux-tu améliorer encore ce point ?
☹ Tu as oublié de dire cela.	• Si tu disais cela, tu pourrais avoir encore de meilleurs résultats.	☺ Qu'est-ce que tu aurais aussi pu ajouter qui t'aurait aidé ? ☺ Quelle technique aurais-tu pu utiliser ?
☹ C'est une mauvaise solution.	• Tu aurais pu avoir plus d'efficacité en faisant de telle manière. ou • C'est une solution originale.	☺ Par quoi aurais-tu pu remplacer cette manière de faire pour être encore meilleur ? ☺ C'est une solution originale, mais quelle autre solution aurait été encore efficace ?
☹ Je n'accepte pas ce que tu dis ici, ce n'est pas compatible avec les règles de l'entreprise.	• Je te rappelle les règles de conduite de l'entreprise; ce que tu as dit n'y est pas conforme. Je te conseille plutôt de dire cela la prochaine fois.	☺ Que penses-tu de ce que tu viens de dire ? ☺ Penses-tu que cela soit acceptable avec les règles de l'entreprise ? ☺ Que pourrais-tu faire la prochaine fois ?
☹ Ce n'est pas bien.	• En faisant cela, tu aurais plus de résultats.	☺ Qu'est-ce qui serait meilleur ?
☹ Tu as fait une erreur ici. ☹ Tu as oublié de dire cela ici. ☹ Et... (une longue liste de petits points à corriger).	• De manière globale, tu pourrais augmenter la qualité de ton travail en modifiant telle attitude qui aurait des effets sur plusieurs points en même temps.	☺ Que pourrais-tu changer dans ta manière de faire qui améliorerait en même temps beaucoup de points dans ton travail ?

Rappel des expressions à éviter et à préférer lors de l'appréciation de la performance

« SI POSSIBLE, SOYEZ TOUJOURS POSITIF LORS DE VOTRE APPRÉCIATION DU RENDEMENT. »

Adapté de *Le coaching*, de Jean-Pierre Mercier, Éditions Quebecor, 1999.

Les différents types de directeurs

Nous pouvons nous aider de la grille Blake & Mouton pour déterminer cinq grands types de directeurs.

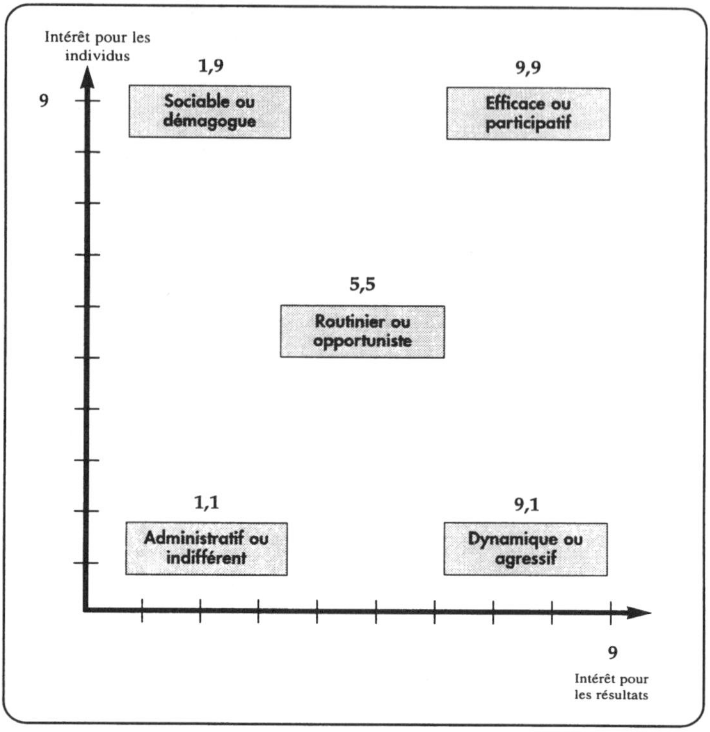

Cette grille permet de distinguer cinq grandes tendances sachant que chacune de celles-ci peut posséder à la fois un aspect positif et un aspect négatif.

Bien entendu, l'idéal se situe vers 9,9 mais chacun des directeurs pourra se poser la question à savoir quel est son véritable style en situation normale, ainsi que son style de rechange en situation de crise.

Description générale des différents styles

Le type 9,1 : Autocratique, dynamique, agressif

Le directeur de type 9,1 se caractérise par des attitudes et des phrases du type:

> *« Vous ne comprenez rien, il n'existe qu'une seule méthode de bonne, c'est la mienne, et vous n'avez qu'à l'appliquer. »*
> *« Qu'ils m'écoutent et cela ira mieux. »*

«Ce n'est pas moi qui vais leur laisser faire n'importe quoi, je veux des résultats rapides. »

Le directeur donne alors priorité à la méthode, ou plutôt à sa méthode, plutôt qu'aux attentes de ses interlocuteurs. Pour lui, son travail ne sera accompli que lorsque ses employés auront appliqué le plus parfaitement possible sa méthode. Aucun écart n'est permis, son style est autoritaire, didactique, et ses contrôles sont fréquents.

Ses résultats peuvent être bons, mais il risque de se heurter aux problèmes suivants:

- manque de respect vis-à-vis de ses interlocuteurs, ce qui aura pour effet de l'écarter de ces derniers et de leurs attentes réelles;
- conflit avec le groupe, rapports de force;
- rejet par certains individus ou même par l'ensemble du groupe;
- perte des meilleurs éléments de l'équipe.

À l'issue d'une réalisation, le directeur 9,1 s'expliquera de la manière suivante:

- si les résultats sont bons: *«C'est grâce à moi.»*
- si les résultats sont mauvais:

    «Ils ne voulaient pas m'écouter.»
    «Ils n'ont pas la bonne méthode.»
    «C'est un incapable qui n'est pas à sa place.»

Le type 1,9 : Sociable, démagogue

Le directeur 1,9 désire par-dessus tout se faire accepter ou même « aimer » par ses interlocuteurs au détriment de l'application de la méthode.

Il s'agit très souvent de directeurs peu sûrs d'eux-mêmes, inquiets à l'idée de rentrer en conflit avec le groupe; ils pensent que la meilleure manière pour eux de se faire accepter par le groupe consiste à tout accepter pour faire plaisir à leurs interlocuteurs, et ce, quelles qu'en soient les conséquences sur les résultats.

Le type 5,5 : Routinier, opportuniste

Le directeur 5,5 est moyen, il essaie de faire son travail, mais sans plus; essayant cependant d'être évalué dans la bonne moyenne, il peut se montrer opportuniste, mais son désir est surtout d'éviter les problèmes. Il prend donc, en général, un profil bas et essaie d'être dans la moyenne, de ne pas se distinguer des autres. L'entreprise ne se plaint pas de lui, mais les résultats ne sont pas brillants. Globalement, il manque de motivation.

Le type 1,1 : Administratif, indifférent

Le directeur 1,1 ne porte attention ni à ses interlocuteurs ni aux résultats. Fortement démotivé, il peut être en état dépressif, ses résultats sont catastrophiques. À ce stade, il est même peu probable qu'il reste longtemps à sa place de directeur.

Le type 9,9 : Efficace, participatif

Le directeur 9,9 est équilibré, il donne autant d'importance à l'application de la méthode qu'aux besoins de ses interlocuteurs.

Il se révèle également apte à changer de style si la situation le requiert.

- Il peut utiliser un certain temps le style 1,9 afin de détendre un groupe trop crispé pour faire passer un message de manière efficace.
- Il peut devenir 9,1 le temps nécessaire pour « récupérer » un groupe qui aurait pris trop de liberté.

Le style 9,1 peut également s'avérer nécessaire quand il s'agit de faire passer un message important et que l'on ne dispose que d'une durée de temps très courte. Il est alors préférable d'en informer préalablement le groupe, de lui en expliquer les raisons et d'obtenir son assentiment.

Style de supervision

1,9 - 5,5	=	Expliquer
9,1	=	Montrer
9,9	=	Sensibiliser, expliquer, montrer, faire faire, faire dire

9,1	=	je
1,9	=	tu, vous
1,1	=	ils, elles
5,5	=	on
9,9	=	nous

Conclusion

Nous devons tous nous améliorer et essayer de tendre vers le style 9,9 même si nous savons qu'il s'agit d'un idéal difficilement atteignable.

Attention ! Nous pouvons tous nous laisser porter vers certains extrêmes et mêmevers le 1,1 pour un certain nombrede raisons :

- Dégoût
- Déprime
- Rejetde l'entreprise ou des collègues
- Etc.

L'intérêt de cette grille est de:

- connaître son style principal;
- connaître son style de rechange;
- se réévaluer périodiquement;
- prendre des mesures correctives.

Un bon directeur doit donner de l'importance aux résultats sans négliger son personnel. Toute dérive vers l'un de ces extrêmes doit être corrigée pour atteindre un juste équilibre.

Les niveaux de connaissances et compétences

OBJECTIFS	ÉTAPES	CONSÉQUENCES
L'acquisition des connaissances →	Savoir →	Mémoriser
L'application des connaissances →	Savoir faire →	Appliquer
Le changement du comportement →	Savoir être →	Se comporter

Savoir

Le premier niveau est la transmission d'un savoir; il s'agit de transmettre des connaissances que l'interlocuteur doit comprendre et mémoriser.

Savoir-faire

Un individu peut être formé à la réalisation d'une opération compliquée et en posséder toutes les connaissances de base, tout le « savoir » pour la réaliser, sans être nécessairement capable de l'effectuer. Il va devoir apprendre une nouvelle phase: le SAVOIR-FAIRE.

Ainsi, par exemple, un individu pourra connaître les gestes à faire pour jouer au tennis ou au golf, mais sera incapable de les appliquer correctement. Il devra donc les mettre en pratique, s'entraîner et SAVOIR FAIRE.

Savoir-être

Le même individu, avec un peu d'entraînement, pourra réussir à effectuer de beaux mouvements de tennis ou de golf, mais ne les fera pas spontanément. Il devra apprendre le SAVOIR-ÊTRE.

Le *savoir-être,* c'est le changement des attitudes et du comportement.

Certaines méthodes estiment qu'il est nécessaire de passer par les étapes intermédiaires du *savoir* et du *savoir-faire* avant d'en arriver au *savoir-être,* alors que d'autres estiment que l'on peut viser directement le changement du comportement.

Dans tous les cas, nous estimons qu'un véritable *savoir-être* nécessite deux conditions:

- un comportement naturel
- une compréhension de son comportement

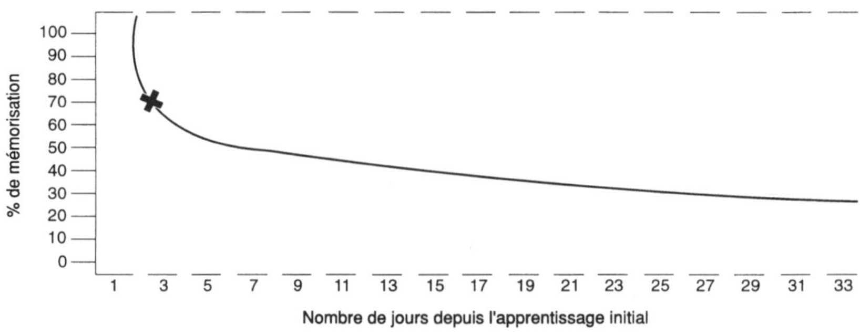

Courbe de mémoire

Remarques :

1. Les statistiques sont basées sur une moyenne d'étudiants.
2. La courbe est très prononcée au début; toutefois, au bout de deux jours, les étudiants se rappellent moins de 70 % de ce qu'ils ont appris.
3. À la fin d'un mois sans révision, les étudiants ne se rappellent qu'environ 40 % de ce qu'ils ont appris.

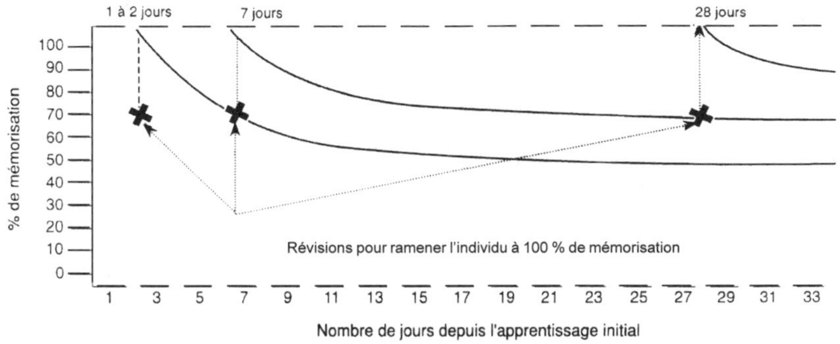

Courbe de mémoire avec révision

Remarques :

1. Pour maintenir un niveau de rétention de 70 %, il faut une révision dans les deux jours.
2. Quand le matériel a été appris une seconde fois, la courbe a tendance à s'aplatir un peu. Toutefois, après sept jours, la courbe redescend à 70 %.
3. Après une autre révision, la courbe devient vraiment horizontale. L'étudiant sera au-dessus du niveau de rétention de 70 % pendant environ 28 jours.
4. Une révision à ce moment assurera une rétention prolongée.
5. La durée des révisions diminue chaque fois que la leçon est reprise.

Exemple :	Apprentissage initial	50 minutes
	1re révision après 2 jours	15 minutes
	2e révision après 7 jours	10 minutes
	3e révision après 28 jours	5 minutes

Note : Tiré d'une étude de l'Université d'Ohio.

La motivation d'un employé au travail

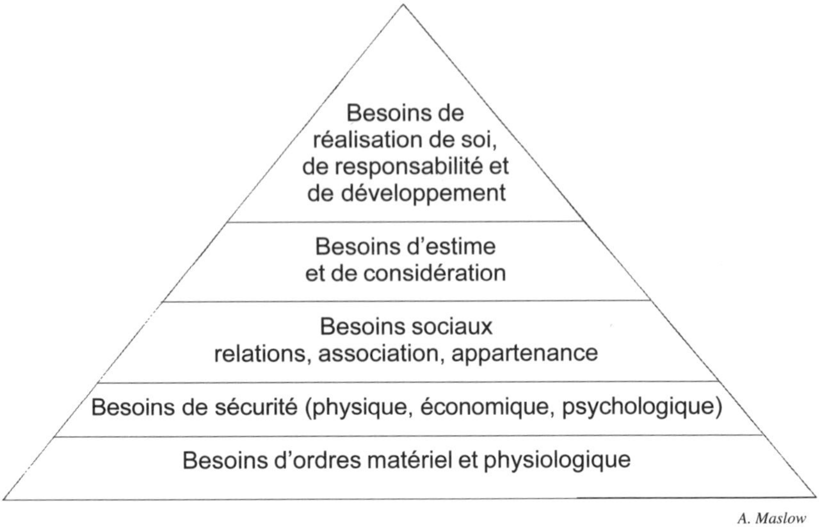

La hiérarchie évolutive des besoins de l'homme au travail

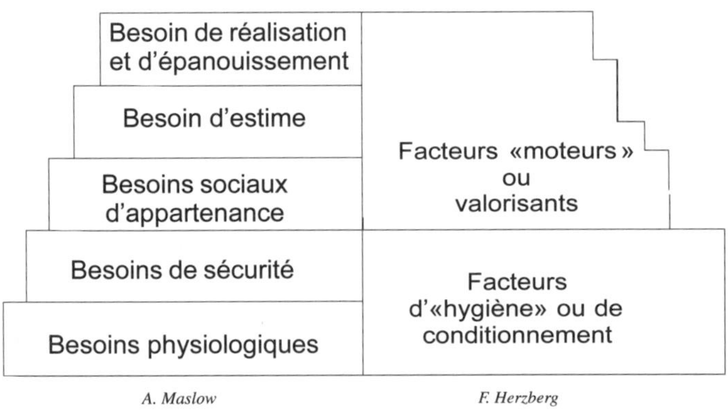

Comparaison schématique des théories de Maslow et Herzberg

Les phases de l'entretien d'appréciation de la performance

Les différentes méthodes

L'entretien directif et l'entretien non directif

L'entretien directif est organisé de telle manière que le supérieur contrôle la discussion et pose des questions le plus souvent fermées, afin d'amener son employé là où il le désire. L'entretien directif, tel l'interrogatoire de police, amène la méfiance de l'interlocuteur qui aura alors la volonté de se défendre de plusieurs manières:

- refus de parler et de se livrer;
- mensonge;
- camouflage des événements;
- report sur d'autres personnes;
- etc.

Par opposition, l'entretien non directif laisse le champ libre à l'employé et le laisse partir dans la direction qu'il désire, partant du principe qu'il sait mieux que quiconque quels sont les problèmes qui le concernent. Mais l'entretien non directif peut amener l'interlocuteur à trop parler et à l'éloigner du sujet.

Plus que l'une ou l'autre de ces méthodes, nous préconisons **l'entretien semi-directif :** il permettra de laisser de la place à l'employé et de savoir ce qui le préoccupe tout en se recentrant sur les objectifs de l'entretien quand il le faut.

Les phases de la discussion prévoient donc une alternance entre les deux types d'entretien.

Pour un style plus directif face aux employés négatifs, par exemple, vous pouvez toujours respecter les mêmes étapes mais sans donner la parole à l'employé au début de chaque phase. Au contraire, vous donnerez votre évaluation et attendrez alors les réactions de votre interlocuteur.

L'entretien centré sur l'objet ou sur le sujet

L'entretien centré sur l'objet donne une plus grande importance au sujet traité qu'à l'interlocuteur, alors que l'entretien centré sur le sujet met l'interlocuteur au centre de la discussion. Ici encore, nous utiliserons un mode mixte; ce sont les faits et les observations qui nous permettront par la suite de vous centrer sur l'interlocuteur.

LES PHASES DE L'ENTRETIEN D'APPRÉCIATION

La préparation de l'entretien

a) La préparation matérielle

Les documents

Le superviseur doit éviter d'arriver à son entretien «les mains dans les poches»; vous devez donc vous préparer sérieusement en vous appuyant sur des faits.

Passez en revue les résultats de l'année de l'employé.

Vous devez, en vous appuyant sur des chiffres objectifs, passer en revue tous les résultats significatifs de l'employé au cours de l'année :

- performances de travail;
- respect des règles de sécurité;
- respect de l'environnement;
- qualité du travail;
- jours d'absentéisme;
- etc.

Vous devez également y ajouter toutes les observations que vous avez pu noter pendant l'année.

Exemple : *«Le 10 octobre 2002, je lui ai demandé de réaliser telle chose, voici ce qu'il a réalisé avec telles conséquences.»*

Seul le rassemblement de ces chiffres et de ces faits permettra une préparation rigoureuse qui vous assurera le succès de votre entretien. Dans le cas contraire, vous vous exposez à vous discréditer devant votre employé si vous avancez des *«Je pense que...»* alors qu'il vous répond: *«Non, ce n'est pas vrai, voici mes résultats...»*. Vous devez donc impérativement avoir tous vos documents avec vous et être préparé afin de savoir à l'avance l'écart qui existe entre les performances de votre employé et celles requises pour le poste.

Les phases idéales sont:

1. Revoyez les objectifs fixés au départ.
2. Évaluez les performances réalisées.

3. Déterminez s'il y a un écart négatif ou positif.
4. Donnez une note sur 5 ou sur 10 en fonction de l'écart.

Le lieu

Vous avez trois possibilités pour rencontrer votre employé:

- dans votre bureau: vous êtes plus à l'aise, votre employé l'est moins;
- dans son bureau, si du moins il en a un;
- dans un endroit neutre, par exemple un restaurant, une salle de réunion, etc.

De manière générale, l'entretien d'appréciation peut être réalisé dans votre bureau dans la mesure où vous respectez un certain nombre de conditions. Sachez en effet que toute disposition matérielle sera observée de manière très symbolique de la part de votre employé: épaisseur de la moquette, taille du bureau, tableaux seront vus comme des marques de prestige ou de supériorité par celui-ci.

Essayez donc d'éviter:

- un bureau trop grand qui vous sépare de votre interlocuteur;
- des locaux pompeux qui «écrasent» votre employé (genre bureau du président en haut de la tour);
- un fauteuil haut et confortable pour vous et une «petite chaise» pour l'employé;
- une fenêtre derrière vous qui oblige l'employé à vous regarder avec le soleil dans les yeux;
- etc.

Au contraire, choisissez si vous pouvez:

- un bureau pas trop grand avec porte;
- une table ronde ou une table basse avec deux chaises;
- un décor simple qui met votre employé à l'aise.

Enfin, évitez tout ce qui pourrait vous déranger pendant l'entretien : téléphone, téléavertisseur, etc.

b) La préparation de votre employé

Prévenez votre employé à l'avance en lui indiquant le lieu, l'heure et l'objectif de la rencontre afin que ce dernier ne passe pas tout le temps d'attente avant la rencontre à se demander pourquoi son directeur veut le voir. Dans certaines entreprises, il est recommandé de faire parvenir à l'avance le formulaire d'appréciation à l'employé afin qu'il puisse procéder à son autoévaluation. Cela donnera à votre employé le temps de réfléchir et:

- d'analyser ses performances;
- de penser à des solutions par lui-même pour encore les améliorer.

c) **La préparation psychologique**

La préparation psychologique est l'étape la plus simple à décrire mais sans doute la plus difficile à réaliser.

- **Visualisez** votre interlocuteur à l'avance afin de mieux vous adapter à lui, visualisez également le déroulement général de l'entretien sans pour autant créer un cadre trop rigide.
- Ayez la volonté réelle de voir cet entretien comme une **étape positive** permettant le bien de l'employé comme celui de la compagnie.
- Soyez prêt à vous mettre à **l'écoute** de votre employé avec une **empathie** réelle.

La prise de contact avec l'employé

La prise de contact avec l'employé est d'une importance capitale car c'est durant les premières secondes que celui-ci se fait une idée positive ou négative de l'entretien. Cette phase vise à créer un climat favorable pour le reste de la discussion. Vous devez donc contrôler non seulement ce que vous dites, mais également votre voix et vos gestes.

On dit que, dans une communication:

- les mots ne représentent qu'environ 7 % du message perçu par l'interlocuteur;
- la voix, environ 35 %;
- les gestes, 58 %.

Afin de faciliter la prise de contact, pensez donc à:

- vous lever de votre bureau pour chercher l'employé à la porte et lui serrer la main;
- lui proposer de retirer son manteau si c'est le cas;
- lui proposer une chaise, si possible à une table basse ou une table ronde afin d'éviter de lui faire directement face comme dans une confrontation;

- ne pas vous positionner devant une fenêtre (le soleil pourrait éblouir votre employé).

Ceci réalisé, pensez à lui donner:

- l'objectif de la rencontre et les côtés positifs que vous en attendez; idéalement, tentez de lui présenter les objectifs communs de la rencontre, entre ceux de l'entreprise et les siens.

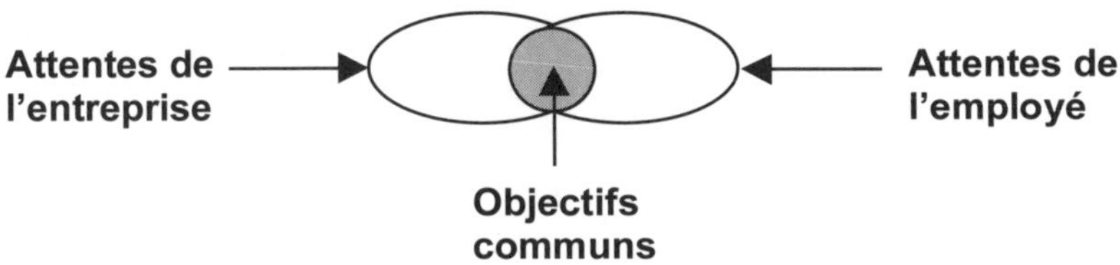

- un rappel que le formulaire est conforme à la vision de l'entreprise;
- le temps approximatif;
- la manière dont vous attendez que l'entretien se déroule: **confidentiel, ouvert, participatif, constructif.**

Cette phase de prise de contact doit être aussi courte que possible (quelques minutes) afin de laisser le plus rapidement la parole à l'intéressé.

Demande d'appréciation générale de l'employé

Dès que la prise de contact est terminée, essayez aussi rapidement que possible de donner la parole à votre employé grâce à une question ouverte telle que:

- *«Comment a été ton année?»*
- *«Comment ont été tes résultats?»*

Essayez d'avoir un point de vue constructif de sa part concernant:

- **lui-même** et son activité;
- le fonctionnement de **l'équipe;**
- vous-même en tant que **directeur.**

a) But

Le but de cette phase est de laisser l'employé exprimer son point de vue de la réalité mais aussi ses sentiments, ce qui lui permettra de réduire son stress et, donc, de le rendre plus ouvert au reste de l'entretien. De plus, il aura souvent un point de vue plus sévère que le vôtre, ce qui vous permettra alors de l'encourager.

Il se peut que l'employé vous amène des éléments nouveaux qui vous seront utiles pour la suite de l'entretien. Enfin, l'employé constate que ce n'est pas seulement lui qui est « apprécié » mais que l'entretien vise à améliorer les choses tant pour lui-même que pour l'équipe ou son directeur.

b) Comment : l'écoute active

Cette partie de l'entretien doit être aussi neutre et non directive que possible afin de favoriser la collaboration de votre employé.

L'écoute active se caractérise par:

- une question ouverte;
- une écoute réelle de l'interlocuteur;
- le silence;
- des signes d'accompagnement montrant à l'interlocuteur qu'on le suit, tels que:
    - oui, d'accord, tout à fait
    - hum, hum
    - hochement de la tête
    - des reformulations régulières pour vérifier si on a bien compris son interlocuteur: *« Si j'ai bien compris, tu veux dire que... »*.

Ces reformulations permettent aussi, si on le désire, de recentrer la conversation et, donc, de la rendre plus directive.

On estime qu'il y a au moins trois niveaux d'écoute:

- entendre sans écouter;
- écouter pour répondre;
- écouter pour comprendre.

Une bonne écoute active doit permettre d'écouter pour comprendre son interlocuteur.

c) L'empathie

L'empathie est la capacité de se mettre dans la peau de son interlocuteur, ce qui ne veut pas dire de se mettre dans la situation de l'autre avec notre personnalité.

Ainsi, une phrase comme

- *« Si j'étais toi, je ferais... »* veut dire le contraire et consiste en fait à demander à l'autre de faire comme nous.

Une autre phrase comme

- *« C'est comme moi, je vais te dire ce qui m'est arrivé de similaire »* ramène en fait le sujet sur nous-mêmes avec la volonté de parler de nous. Au contraire, dans une véritable empathie, on essaie de se mettre dans la situation de l'interlocuteur avec sa personnalité à lui.

Dans tous les cas, évitez, si vous désirez avoir une bonne écoute :

- les suites de questions fermées (cela fait interrogatoire de police);
- les questions interronégatives comme *« Ne pensez-vous pas que... »*, car l'interlocuteur aura tendance à répondre *« Non »;*
- les signes involontaires de désapprobation, de lassitude, d'impatience;
- les interruptions;
- les interprétations à votre avantage de ce qui a été dit;
- les présuppositions: *« Je sais ce que vous allez me dire ».*

Pour conclure, n'oubliez pas que la technique d'écoute la plus forte auprès d'une personne ne voulant pas parler reste LE SILENCE, et que si vous avez réellement envie de comprendre votre interlocuteur, votre écoute sera bonne.

Soyez compréhensif !

Donner son appréciation générale, si possible, positive

Cette évaluation générale de votre part sécurisera votre employé pour le reste de l'entretien afin qu'il puisse continuer de manière constructive.

- Si l'employé a de bons résultats, vous pouvez le lui dire: *« Félicitations ! Cela a été excellent. »*
- Si l'employé a eu des résultats inégaux: *« Cela a été généralement bien, nous allons voir cela point par point maintenant. »*
- Si l'employé a eu de mauvais résultats, mais a essayé de faire toujours de son mieux : *« Tu as essayé de faire toujours de ton mieux. »*
- Si l'employé a eu de mauvais résultats, mais s'en est rendu compte : *« Je pense que tu as fait une bonne autoévaluation de la situation et je suis confiant que nous allons pouvoir améliorer les choses. »*

- Si, par contre, l'employé, de mauvaise foi, se dit excellent, vous êtes en droit de dire que ce n'est pas la manière dont vous voyez les choses.

Il est bon d'être positif, mais vous devez aussi être capable de dire la vérité sans la cacher.

Passer point par point

a) Comment

Vous pouvez passer en revue avec votre employé votre document d'appréciation et à chaque point:

1. demander l'appréciation de l'employé;
2. donner votre appréciation en vous appuyant à cette étape sur des faits précis: chiffres, documents.

Une fois d'accord avec l'employé, vous pourrez alors:

- s'il s'agit d'un point positif, le féliciter et l'encourager à continuer;
- s'il s'agit d'un point à améliorer, lui demander les causes et les solutions.

Notez que, pour chaque phase du processus, on donne la chance à l'employé de répondre dans un premier temps mais le directeur amène la réponse si l'employé ne l'a pas donnée.

Si, par contre, l'employé refuse de coopérer, vous pouvez alors adopter un mode plus directif et donner votre évaluation dans un premier temps, puis attendre ses réactions.

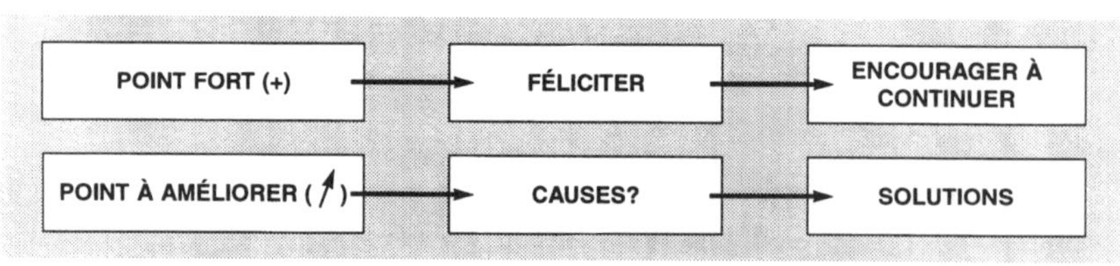

Conseils

- Évitez de parler de «points faibles» et remplacez l'expression par «points à améliorer».
- N'évaluez pas la personne mais les faits. Par exemple, évitez : *« Tu n'es pas bon »*, préférez : *« Cette tâche n'a pas été réalisée selon les normes. »*

- Soyez précis: *«J'ai observé que... », «J'ai noté que... »*
- Soyez le plus positif possible grâce à des phrases telles que: *«Comment pourrais-tu faire mieux?»* ou *«Tu pourrais faire mieux en procédant de telle manière.»*

Traitez l'écart sous forme de résolution de problème:

- écart constaté
- causes d'après l'employé?
- solutions d'après lui?

Venez en support si nécessaire.

b) Les mécanismes de défense

C'est au cours de l'évaluation point par point que les employés, confrontés à une évaluation qu'ils peuvent estimer négative, développent un certain nombre de mécanismes de défense que l'on peut ainsi cataloguer.

1. **La projection:** L'employé rejette et transfère sur quelqu'un d'autre les causes de son échec.
2. **L'agressivité:** L'employé, atteint psychologiquement par son échec, développe une forte tension qu'il libère en devenant agressif et en cherchant la controverse.
3. **La rationalisation:** L'employé recherche des excuses pour justifier ses échecs, tente de justifier l'injustifiable.
4. **Le renoncement:** L'employé abandonne devant la situation, il se résigne.
5. **La fuite:** L'employé évite physiquement et mentalement une situation qui lui crée tension, frustrations et crainte.

c) Les quatre cas

Face à ces mécanismes de défense et, en particulier, à l'agressivité, sachez rester calme et essayez de classer les quatre cas réels qui s'offrent à vous.

1. **L'employé ne sait pas comment il fallait faire.** C'est le cas le plus simple, car l'employé est positif; la solution sera de lui proposer une formation ou du coaching dans le plan d'action.
2. **L'employé ne veut pas réaliser la tâche selon les normes.** C'est un cas difficile où vous devrez lui faire prendre conscience de la différence qui existe entre sa prestation et la norme, puis le persuader de l'importance d'être conforme à

cette norme. Sachant que toutes les excuses sont bonnes pour un employé qui ne veut pas réaliser quelque chose, votre seule manière de savoir si la tâche est faisable est de vérifier si un autre employé la réalise telle que désirée dans des conditions similaires.

Si tel est le cas et que votre employé utilise tous les moyens pour réfuter vos arguments, que la conversation finit par tourner en rond, vous pouvez alors devenir plus directif et employer la tactique du disque rayé.

Superviseur : *«L'entreprise attend de toi que tu réalises ceci de telle manière.»*

Employé : *« Mais... »*

Superviseur : *«L'entreprise attend de toi que...»*, et ainsi de suite.

Si ce que vous demandez n'est que peu important, alors passez au point suivant plutôt que de vous battre pour essayer de prouver que vous avez raison. Si ce que vous demandez à l'employé est important et qu'il ne veut cependant pas le réaliser, c'est à vous de le noter et de prendre vos responsabilités.

3. **L'employé ne peut pas.** Le cas est sans doute rare mais peut arriver : l'employé est arrivé à la limite de ses moyens dans un secteur déterminé. Ce sera alors à vous de décider si ce qui lui est demandé est important ou non. Si l'importance est faible, il ne sert à rien de s'obstiner pour le mettre dans le plan d'action puisque l'on sait qu'il ne sera pas capable de le réaliser, il est préférable de passer à un autre point.

   S'il s'agit d'un point fondamental, telle la sécurité de lui-même et de ses collègues, c'est à vous de prendre aussi vite que possible vos responsabilités.

4. **L'employé ne possède pas les moyens organisationnels** pour réaliser sa tâche. Le problème n'est plus alors l'employé lui-même, mais les moyens fournis par la compagnie pour qu'il puisse accomplir sa tâche. C'est bien entendu l'excuse le plus souvent donnée par l'employé quand il ne veut ou ne peut faire quelque chose. Ce sera à vous, encore une fois, de déterminer où la vérité se trouve en vous comparant avec ce que font d'autres employés dans des situations identiques.

Toute la difficulté est pour vous de classer le problème dans l'une des quatre catégories: ne veut pas, ne sait pas, ne peut pas, manque de moyens, sachant que l'employé cachera sans doute la vraie raison. L'expérience et la connaissance de votre interlocuteur vous seront alors très utiles.

Traitez les écarts sous forme de résolution de problème:

- objectifs ?
- résultats ?
- écarts → causes
- solutions

> **Ne pensez pas trop au passé,**
> **pensez au futur de manière positive!**

La conclusion de l'entretien

Lors de la conclusion de l'entretien:

- demandez à l'employé ses aspirations à long terme;
- décidez avec lui les objectifs à atteindre;
- bâtissez un plan d'action pour atteindre ces objectifs.

Le plan d'action est fondamental, car l'évaluation en tant que telle n'a aucun intérêt, seul ce qui en découle est utile pour l'employé, pour l'entreprise et pour vous.

a. **Les aspirations de l'employé** vous permettront de lier les besoins de l'entreprise à ceux de votre employé.

b. **Les objectifs**

Les objectifs doivent être:

- peu nombreux, sinon rien ne sera réalisé;
- si possible mesurables;
- atteignables, sinon l'employé n'y croira pas;
- motivants, c'est-à-dire ni trop hauts ni trop bas.

Caractéristiques d'un objectif concernant un comportement attendu:

- peu nombreux: 1 à 3 maximum;
- pertinent avec les besoins;

– observable et contrôlable;
– réalisable.

Sachant que votre employé ne pourra se perfectionner sur tous les points en même temps, ce sera donc à vous de choisir en collaboration avec lui ceux:

– qui auront le plus d'impact pour l'employé;
– qui seront le plus faciles à atteindre.

La règle est de toujours commencer par ce qui est facile et important.

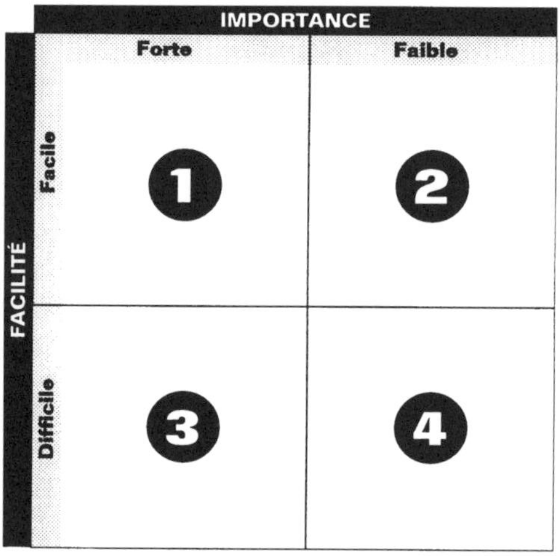

c. Le plan d'action

Une fois les objectifs choisis, en collaboration avec l'employé, faites une planification par étape, avec des échéances, et ce, en lui proposant votre aide. Les solutions peuvent être : formation, coaching, participation à des projets, etc.

Voici deux méthodes de plan d'action :

– Qui, quoi, où, quand, comment.
– OMMDC : objectifs, moyens, méthodes, délais, contrôle.

Il peut y avoir un double engagement dans un plan d'action:

– de l'employé vis-à-vis de lui-même;
– du directeur pour les moyens à mettre en place pour aider l'employé.

Attention, cependant, à trop vous engager! Vous avez sûrement beaucoup d'employés.

d. Commentaires de l'employé

- Demandez à votre employé ce qu'il pense de l'entretien afin d'obtenir son *feed-back,* ce qui vous permettra de vous améliorer. Cela aidera aussi l'employé à décompresser à la fin de l'entretien.

e. Conclusion de l'entretien

- Concluez l'entretien.
- Fixez-vous une date de suivi.
- Saluez-le en l'encourageant:
  «Continue comme ça!»
  «Je suis très confiant que tu vas réussir!»

Remarque : Si l'interlocuteur est démotivé et ne croit plus en lui, il faut arrêter de discuter de ses échecs et:

- lui trouver des objectifs motivants mais atteignables;
- trouver des solutions qui marcheront pour lui (et non pour vous...);
- le rassurer en lui disant que vous serez là pour l'aider et qu'il y arrivera, puis tout mettre en œuvre pour qu'il réussisse.

Suivi

a. Faites l'autoévaluation de votre entretien.
   - Avez-vous eu un style directif ou participatif?
   - A-t-il pu parler suffisamment ?
   - S'est-il impliqué?
   - L'avez-vous écouté avec le désir de le comprendre?
   - Le plan d'action est-il réaliste?
   - L'employé en est-il ressorti satisfait?

b. Rencontrez l'employé dans la même journée ou le lendemain pour discuter d'autres choses et lui montrer ainsi que, quoi qu'il se soit dit, vous êtes toujours en bons termes avec lui.

c. Faites le suivi selon les échéances du plan d'action en proposant votre aide si nécessaire.

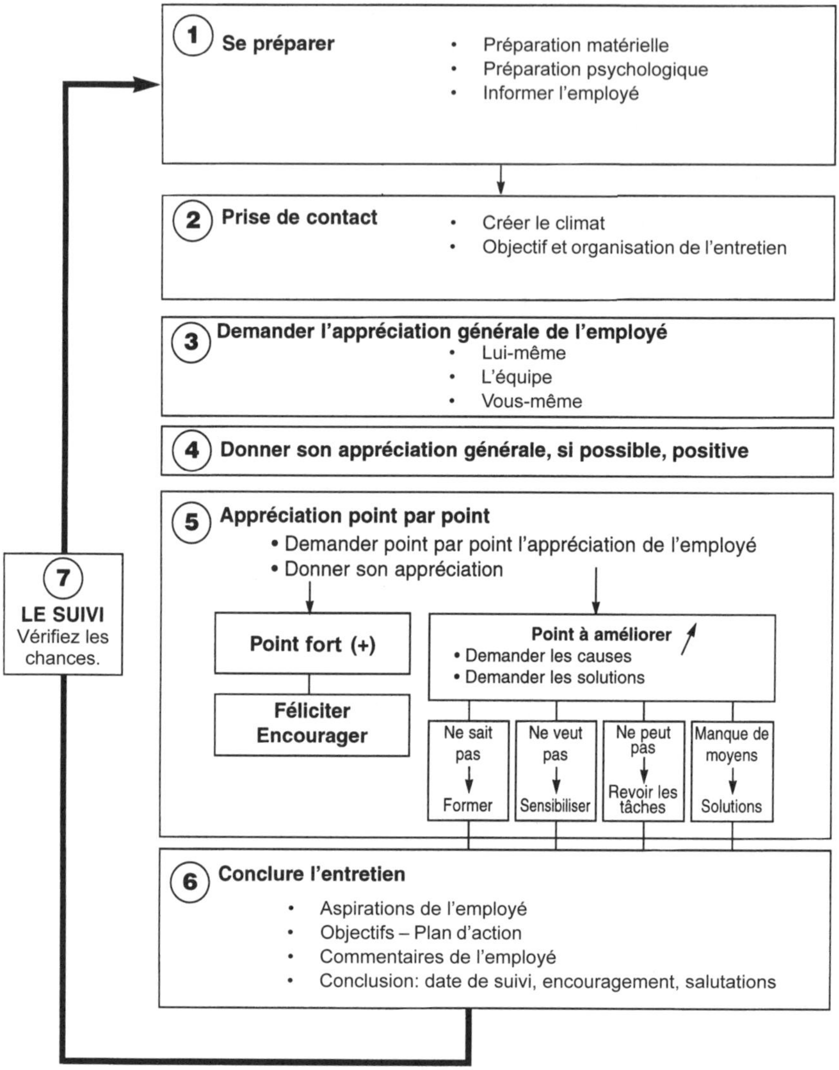

LES DIX RÈGLES D'OR DE L'ENTRETIEN D'APPRÉCIATION

1. Le directeur doit avoir le souci véritable d'aider et de faire progresser chacun des membres de son équipe.

2. Pensez plus à féliciter qu'à réprimander. Si vous dites à quelqu'un ce qu'il fait de bien, il aura en général le désir de se conformer à l'image que l'on se fait de lui; de même, si on lui dit sans arrêt que ce qu'il fait est mauvais, il va finir soit par le croire et se démotiver, soit même par vouloir vous donner raison.

3. Il faut partir du principe que, quand quelqu'un fait une erreur, ce n'est pas lui que l'on juge, c'est ce qu'il a fait. Tout le monde fait des erreurs, ce n'est pas pour cela que notre personnalité est remise en cause.
4. C'est moins l'évaluation qui est importante que les objectifs de perfectionnement qui en découlent.
5. L'évaluation et les objectifs d'amélioration doivent être réalisés en collaboration avec l'intéressé.
6. Un entretien d'évaluation peut, contrairement au coaching, donner lieu à une récompense ou à une sanction. Il y a deux types de récompenses:
   - les félicitations (motivation intrinsèque de l'employé);
   - les primes, les cadeaux, etc. (motivation extrinsèque de l'employé).
7. Le directeur doit tenir compte des particularités de chacun des membres de son équipe et, surtout, de ses forces plus que de ses faiblesses, car c'est dans ses forces que réside son potentiel.
8. Un perfectionnement, comme dans un sport, ne s'effectue pas du jour au lendemain, **c'est une affaire de longue durée et de volonté perpétuelle d'amélioration.**
9. Le directeur doit se sentir responsable des résultats de son équipe et des moyens qu'il a mis à sa disposition pour les atteindre.
10. Sachez aider sans « étouffer » votre employé, le meilleur supérieur est parfois celui qui en fait le moins: **le bon supérieur est celui qui donne les moyens à son collaborateur de se réaliser lui-même.**

PENSEZ À FÉLICITER !

C'est moins l'évaluation qui est importante que les objectifs de perfectionnement qui en découlent.

Annexe

Résumé du qualimètre

Note : Nous vous proposons ici un résumé adapté à partir du QUALIMÈTRE, produit par le Mouvement québécois de la qualité en collaboration avec le ministère de l'Industrie, du Commerce, de la Science et de la Technologie du Québec. Vous pouvez vous procurer le manuel complet du qualimètre en communiquant avec:

Mouvement québécois de la qualité
455, rue Saint-Antoine Ouest
Bureau 404
Montréal (Québec)
H2Z 1J1
Tél. : (514) 876-9933

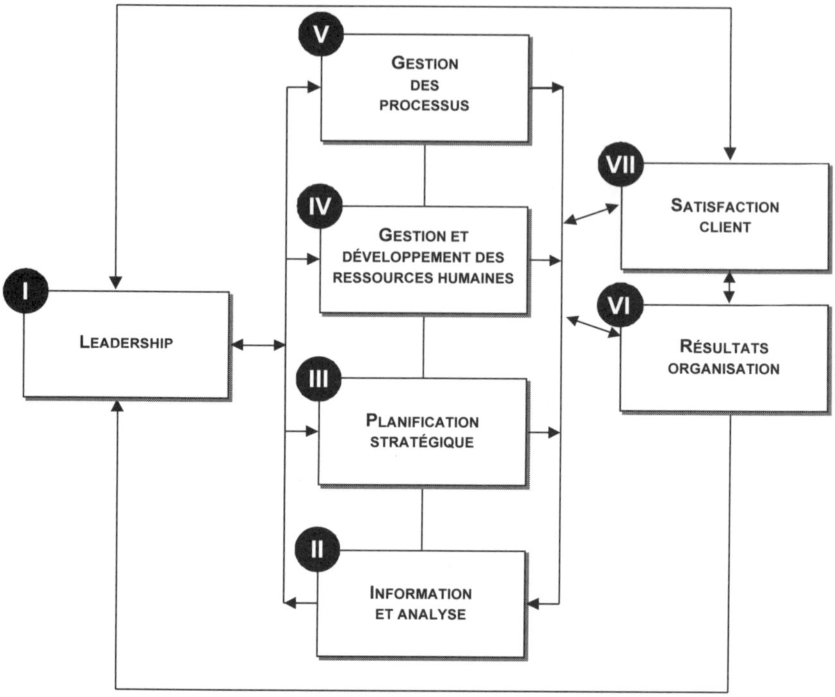
V
Gestion des processus
IV
Gestion et développement des ressources humaines
III
Planification stratégique
II
Information et analyse
I
Leadership
VII
Satisfaction client
VI
Résultats organisation

Système

I. Leadership	+	↗
1. Direction supérieure • écoute les intervenants		
• impliquée dans la qualité		
• orientée qualité		
• suit personnellement les progrès		
• s'inspire personnellement de la qualité		
• utilise des indicateurs de qualité		
2. Système et organisation du leadership • tous les niveaux = orientation qualité		
• orientation client partout		
• soutien des dirigeants aux unités		
• orientation résolution de problèmes et non blâme		
• révision des performances pour satisfaction de tous les intervenants		
3. Responsabilité publique • responsabilité publique traduite en objectifs		
• gestion déontologique et gestion environnementale		
• communication des exigences partout		
• intégration des responsabilités citoyen corporatif partout		
• l'organisation est perçue comme un bien-être autour d'elle		
II. Information et analyse	+	↗
1. Informations et données • le choix des informations porte sur les valeurs clés		
• large inventaire de données		
• fiabilité du système de gestion des données		
• remise des feuilles d'accès pour tous les décideurs		
• données utiles pour les décideurs		
• écoute de l'avis des utilisateurs		

2. Comparaison avec la concurrence • approche systématique		
• identification des meilleurs compétiteurs		
• utilisation des informations recueillies pour s'améliorer		
• amélioration des points de comparaison		
• analyse des informations pour s'améliorer		
3. Analyse et utilisation des données • informations sur clientèle transformées pour être utilisables pour la qualité		
• informations sur l'entreprise transformées pour être utilisables pour la qualité		
• données financières traitées pour améliorer la performance		
• utilisation des informations des compétiteurs pour s'améliorer		
III. Planification stratégique	+	↗
1. Élaboration • besoins de la clientèle = base de la planification		
• intégration de la compétition pour la planification		
• intégration des risques de part de marché, financiers, technologiques		
• considération des limites de l'organisation		
• information des employés de tous niveaux		
• révision périodique du processus de planification		
• approche systématique du choix des fournisseurs		
2. Mise en place • parts de marché et orientations connues de tous		
• plans d'amélioration et rétroactions		
• nos fournisseurs connaissent nos attentes à CTet LT		
• connaissance de la planification des deux et cinq prochaines années		
• plans centrés sur satisfaction client et amélioration productivité		

IV. Ressources humaines	+	↗
1. Planification évaluation • programmes cohérents avec qualité et performance de l'organisation		
• activité en fonction de la qualité et de la performance de l'organisation		
• orientation, responsabilisation de l'employé		
• relations de travail orientées vers le partenariat		
• utilisation des données des RH pour améliorer l'efficacité de la MO		
• utilisation des informations de performances pour les RH		
• amélioration des RH pour améliorer les performances		
2. Régime de travail • mécanismes pour favoriser les initiatives et la responsabilisation		
• participation des employés à l'amélioration de la qualité		
• mesures pour augmenter le savoir des employés		
• moyens de communication horizontale		
• politique de récompenses et de reconnaissance		
3. Formation et perfectionnement • besoins de formation déterminés pour tout le monde		
• méthode d'évaluation de l'employé à tous les niveaux		
• employés et superviseurs participent aux choix des besoins		
• moyens de reconnaissance des nouvelles habiletés		
• évaluation des formations afin de les améliorer		
4. Bien-être – Satisfaction • prise en compte de: santé, sécurité, satisfaction, ergonomie		
• encouragement de la mobilité: le recyclage, les affectations nouvelles		

• services spéciaux au personnel (locaux, crèche, loisirs, garderie, formations non reliées au travail, placement à l'extérieur)		
• indicateurs de satisfaction		
• utilisation des résultats pour amélioration		
V. Processus	**+**	➚
1. Conception introduction produits/services • démarche systématique de conception		
• toutes les performances sont évaluées au début du processus (qualité, livraison, coûts, responsabilité corporative, climat, etc.)		
• plan de contrôle des processus et indicateurs		
• amélioration des méthodes de conception en fonction des performances, fournisseurs, qualité, capacité production, clients		
• études des designs et des processus pour réduire les temps et améliorer la qualité		
• méthodes de tests des produits/services et processus avant lancement à grande échelle		
2. Production et diffusion • mesures de contrôle des processus de fabrication et diffusion		
• système de traitement de la non-conformité		
• analyse, simplification et amélioration des processus pour plus de performance et plus de rapidité		
• amélioration quotidienne des processus		
• utilisation des méthodes de points pour l'amélioration : *benchmarking,* technologie alternative, rétroaction des clients internes et externes		
3. Services de soutien • utilisation de mesures		
• implication des clients internes ou externes		

• utilisation de toutes les techniques (*benchmarking*, technologie alternative, *feed-back* des clients, etc.)		
• processus centré sur les clients internes et externes		
• évaluation de la satisfaction client pour les nouveaux produits/services de soutien		
4. Performances des fournisseurs • communication des besoins de performance et qualité aux fournisseurs		
• indicateurs de suivi qualité et performance des fournisseurs		
• stratégies d'amélioration qualité et ponctualité de la livraison des produits et services fournisseurs		
• amélioration des processus internes d'approvisionnement et de communication aux fournisseurs		
• techniques d'amélioration des prestations fournisseurs		
VI. Résultats	+	↗
1. Qualité produits/services • amélioration des résultats des indicateurs qualité produits/services		
• évolution des indicateurs qualité produits/services		
• performance par rapport aux concurrents ciblés		
• performance produits/services avec organisation de classe mondiale		
2. Résultats opérationnels • amélioration des résultats de la productivité		
• productivité par rapport aux concurrents		
• productivité par rapport aux leaders de l'industrie		
• amélioration des résultats des indicateurs financiers		
• performance financière par rapport aux compétiteurs		
• performance financière par rapport aux leaders de l'industrie		
• amélioration des résultats des indicateurs de gestion des RH		

• indicateurs de gestion des RH par rapport aux concurrents		
• indicateurs de gestion des RH par rapport aux leaders de l'industrie		
• amélioration des résultats des indicateurs de responsabilité publique		
• indicateurs de responsabilité publique par rapport aux compétiteurs		
• indicateurs de responsabilité publique par rapport aux leaders de l'industrie		
3. Résultats qualité fournisseurs • niveau de qualité et de performance des fournisseurs		
• amélioration des résultats des indicateurs des fournisseurs		
• qualité et performance des fournisseurs par rapport aux concurrents		
• qualité et performance des fournisseurs par rapport aux leaders de l'industrie		
VII. Orientation client	+	➚
1. Connaissance clientèle • stratégies pour déterminer les besoins actuels et futurs des clients		
• étude des importances relatives des caractéristiques du produit pour les clients		
• amélioration du processus d'étude de marché		
• les nouveaux produits/services s'appuient sur une étude de marché		
2. Gestion relation clientèle • suivi de l'évolution des besoins et de la satisfaction des clients (sondages)		
• facilité pour les clients de se plaindre ou d'obtenir des renseignements		
• mécanisme de suivi des clients		

• normes de services clientèle claires et connues		
• suivi donné aux plaintes et rétroaction dans l'entreprise		
• formation et coaching des employés en contact avec la clientèle		
3. Évaluation satisfaction clientèle • utilisation d'outils d'étude de satisfaction : enquêtes, rencontres, sondages, groupes témoins, etc.		
• comparaison de la satisfaction par rapport aux concurrents		
• amélioration des méthodes de mesure		
4. Résultats satisfaction clientèle • évaluation des indicateurs de satisfaction		
• évaluation des indicateurs de non-satisfaction (plaintes, demande de remboursement, etc.)		
5. Comparaison des niveaux de satisfaction • évolution des indicateurs de satisfaction par rapport aux concurrents		
• évolution du nombre de clients		
• évolution de la part de marché		

Remerciements

Je voudrais remercier tous ceux qui ont contribué à la rédaction de ce livre grâce à leurs réflexions, à leurs critiques ou à la chance qu'ils m'ont donnée de tester les outils qui y sont décrits.

En tout premier lieu, merci à David Vazzoler et à Joël Ste-Marie, alors directeurs chez Bell Canada, qui m'ont donné la possibilité, il y a quelques années maintenant, de créer un programme de coaching basé sur l'observation des **performances qualitatives** de leurs employés, l'une des quatre dimensions du modèle présenté dans ce livre. Il est d'ailleurs à noter que non seulement ce programme est toujours donné dans cette entreprise, mais il avait été identifié par Stentor, l'alliance regroupant les grands fournisseurs de télécommunication canadiens, comme la principale source des résultats supérieurs de cette division par rapport à leurs confrères au Canada.

Merci à Rollande Benjamin, directrice des ressources humaines de Cogeco Cables Canada, et à Jacques Bégin, alors vice-président directeur général, de m'avoir permis d'implanter un modèle ayant contribué à l'amélioration de la compétitivité de leur entreprise face à l'arrivée de la concurrence dans leur domaine. Nous avons développé des grilles d'évaluation de performance et les guides de coaching correspondants pour chacun des postes de l'entreprise, du gestionnaire à l'employé de base. Cette intervention met en lumière les succès des secteurs qui ont utilisé l'outil, mais aussi les limites du système quand il faut l'implanter dans des secteurs ayant des priorités à plus court terme. L'expérience montre sans ambiguïté que l'adhésion au plus haut niveau de l'entreprise est nécessaire quand on veut changer la culture à tous les niveaux de l'organisation et qu'elle est une condition requise pour une réussite globale.

Merci aussi à Richard Tassé, directeur général de la Caisse Populaire Desjardins St-Eustache Deux Montagnes, pour m'avoir fourni l'occasion de travailler avec son équipe au cours de ces dernières années, à implanter un modèle de performance lié au coaching qui a contribué à hisser la Caisse parmi les plus performantes des 600 caisses du mouvement Desjardins au Québec. Merci également aux dirigeants des autres caisses qui ont suivi et qui m'ont permis de raffiner le modèle. De nouveau, il est intéressant de noter que ces caisses se caractérisent par leur performance ou leur statut de caisses vitrines (c'est-à-dire expérimentales), ce qui prouve que ce sont les organisations les plus performantes qui sont les plus sensibles à développer encore plus leurs résultats.

Merci à Joan Goebel, directrice des opérations de TELUS, pour m'avoir permis de tester le modèle au centre d'appel de New Westminster-Vancouver (C.-B.), alors dirigé par Lisa Wile, et de contribuer à augmenter les résultats d'environ 320 % en huit mois! Il faut dire que ce résultat exceptionnel provient du potentiel initial et d'une mise en application systématique et à la lettre de chacun des points du modèle.

Claude Soucy, vice-président des ressources humaines de la Croix-Bleue, m'a également donné la possibilité de former l'ensemble de son personnel d'encadrement à l'évaluation des performances en se basant sur les orientations clés de la compagnie, à savoir les clients, la qualité, la productivité des ressources et la solidité financière. L'initiative de Claude Soucy a été particulièrement bien accueillie par les gestionnaires et les employés, lesquels attendaient de pouvoir donner ou recevoir une rétroaction sur leur travail.

Ma collaboration toute particulière avec Alain Côté, alors directeur chez Oland, division des bières importées de la brasserie Labatt, nous a donné la chance d'élaborer le système informatique le plus fin existant actuellement dans la gestion intégrée des performances, des compétences et du coaching.

Enfin, merci à Russell Copeman, député libéral à Montréal, qui m'a permis de tester le modèle pour l'évaluation des programmes gouvernementaux tel que celui des garderies au Québec. L'une des conclusions est que la solution aux programmes gouvernementaux n'est pas de toujours augmenter les ressources et les moyens qui seront toujours insuffisants à la fin de l'année... mais d'abord de gérer les performances **à tous les niveaux de l'organisation.**

L'autre conclusion est qu'un programme gouvernemental, contrairement au service offert par une entreprise, ne peut être considéré comme satisfaisant qu'en mesurant la satisfaction de l'ensemble de la population vis-à-vis du programme et non seulement de ceux qui utilisent ce dernier.

Merci encore à toutes ces personnes qui m'ont permis d'implanter ce programme dans des réalités différentes et d'adapter l'outil à différentes situations.

Table des matières